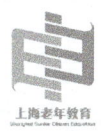

上海市老年教育普及教材
上海市学习型社会建设与终身教育促进委员会办公室

瓷绘工艺

异形瓷器瓷绘技法

Cihui Gongyi

Yixing Ciqi Cihui Jifa

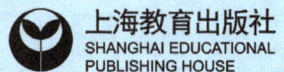

上海教育出版社
SHANGHAI EDUCATIONAL PUBLISHING HOUSE

上海市老年教育普及教材编写委员会

顾　　问：袁　雯
主　　任：李骏修
副 主 任：俞恭庆　刘煜海　庄　俭　陈跃斌
委　　员：夏　瑛　符湘林　王莳骏　李学红
　　　　　沈　韬　曹　珺　吴　强　熊仿杰
　　　　　阮兴树　郭伯农　包南麟　朱明德
　　　　　李亦中　张主方

本书编写组

文字撰写： 李瑞昌

绘　　图： 钟映华　赵雪芳　宋淑娟　李瑞昌

摄　　影： 钟映华

电脑处理： 赵志嘉　唐建琼

丛书策划

朱岳桢　杜道灿

前　言

根据上海市老年教育"十二五规划"提出的实施"个、十、百、千、万"发展计划中"编写100本老年教育教材，丰富老年学习资源，建设一批适合老年学习者需求的教材和课程"的要求，在上海市学习型社会建设与终身教育促进委员会办公室、上海市老年教育工作小组办公室和上海市教委终身教育处的指导下，由上海市老年教育教材研发中心会同有关老年教育单位和专家共同研发的"上海市老年教育普及教材"，共100本正式出版了。

此次出版"上海市老年教育普及教材"的宗旨是编写一批能体现上海水平的、具有一定规范性及示范性的老年教材；建设一批可供老年学校选用的教学资源；完成一批满足老年人不同层次需求的、适合老年人学习的、为老年人服务的快乐学习读本。

"上海市老年教育普及教材"的定位主要是面向街（镇）及以下老年学校，适当兼顾市、区老年大学的教学需求，力求普及与提高相结合，以普及为主；通用性与专门化相兼顾，以通用性为主。编写市级普及教材主要用于改善街镇、居村委老年学校缺少适宜教材的实际状况。

"上海市老年教育普及教材"在内容和体例上尽量根据老年人学习的特点进行编排，在知识内容融炼的前提下，强调基础、实用、前沿；语言简明扼要、通俗易懂，使老年学员看得懂、学得会、用得上。教材分为三个大类：做身心健康的老年人；做幸福和谐的老年人；做时尚能干的老年人。每个大类包含若干教材系列，如"老年人万一系列""中医与养生系列""孙辈亲子系列""老年人心灵手巧系列""老年人玩转信息技术系列"等。

"上海市老年教育普及教材"在表现形式上，充分利用现代信息技术和多媒体教学手段，倡导多元化教与学的方式，创新"纸质书、电子书、计算机网上课堂和无线终端移动课堂"四位一体的老年教育资源。在已经开通的"上海老年教育"App上，老年人可以免费下载所有教材的电子版，免费浏览所有多媒体课件；上海老年教育官方微信公众号"指尖上的老年学习"也已正式运营，并将在2015年年底推出"老年微学课堂"，届时我们的老年朋友可以在微信上"看书""听书""学课件"。

"上海市老年教育普及教材"编写工作还处于起步阶段，希望各级老年学校、老年学员和广大读者提出宝贵意见。

上海市老年教育普及教材编写委员会
2015年6月

目 录

第 一 讲　认识瓷绘和画前准备……………………………………… 1

第 二 讲　茶杯的瓷绘技法…………………………………………… 17

第 三 讲　成套茶具的瓷绘技法（一）……………………………… 24

第 四 讲　成套茶具的瓷绘技法（二）……………………………… 29

第 五 讲　瓷瓶的瓷绘技法（一）…………………………………… 34

第 六 讲　瓷瓶的瓷绘技法（二）…………………………………… 40

第 七 讲　皮灯的瓷绘技法（一）…………………………………… 45

第 八 讲　皮灯的瓷绘技法（二）…………………………………… 52

第 九 讲　皮灯的瓷绘技法（三）…………………………………… 55

第 十 讲　皮灯的瓷绘技法（四）…………………………………… 58

第十一讲　腰鼓形皮灯的瓷绘技法（一）…………………………… 62

第十二讲　腰鼓形皮灯的瓷绘技法（二）…………………………… 69

第十三讲　腰鼓形皮灯的瓷绘技法（三）……………………72

第十四讲　腰鼓形皮灯的瓷绘技法（四）……………………78

第十五讲　腰鼓形皮灯的瓷绘技法（五）……………………82

第十六讲　腰鼓形皮灯的瓷绘技法（六）……………………87

图例………………………………………………………………93

参考文献…………………………………………………………98

第一讲　认识瓷绘和画前准备

　　许多晶莹剔透的瓷器上面往往绘有精美绝伦的瓷画，瓷与画交相辉映，使人爱不释手。老年朋友们，当您得知自己也可以在瓷器上作画时一定很惊讶，可又担心瓷绘太"难"，怎么可能学会？答案是：不会画画的、从不画画的人，只要喜欢都可以学会瓷绘，都可以画出十分漂亮的瓷绘作品。条件只有一个——耐心和细心，下面就从"认识瓷绘"开始学习瓷绘吧。

一、认识瓷绘

　　瓷绘，又称"瓷画"，是在瓷器或陶器表面用颜料绘画。是陶瓷器皿主要的装饰形式之一。

（一）瓷绘的种类

1. 釉上彩

　　在成型瓷器的表面上作画，并用800℃低温烧成的称釉上彩。

　　釉上彩分为古彩、粉彩、新彩三大类。

　　古彩：原称"五彩""硬彩"，始于明代，清雍正年间粉彩成熟后也改称古彩。

　　粉彩：始于清康熙年间，又叫软彩，包括珐琅彩、广彩。

　　新彩：晚清时由国外进口，称洋彩，20世纪50年代，我国开始自己生产洋彩颜料后，改称新彩。

瓷绘工艺——异形瓷器瓷绘技法

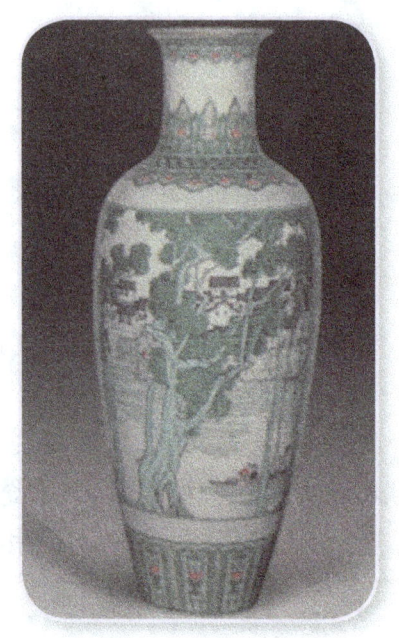

图 1-1　古彩

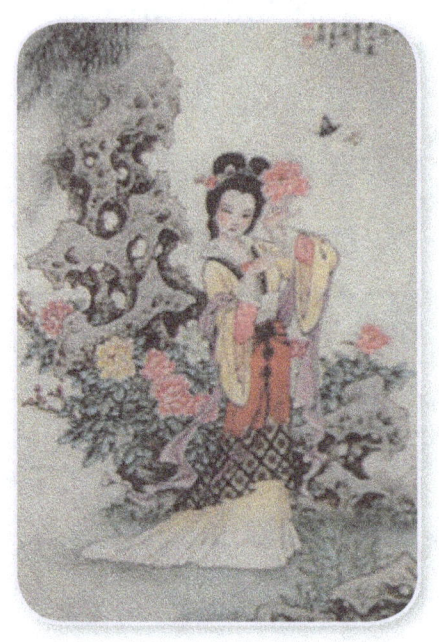

图 1-2　粉彩

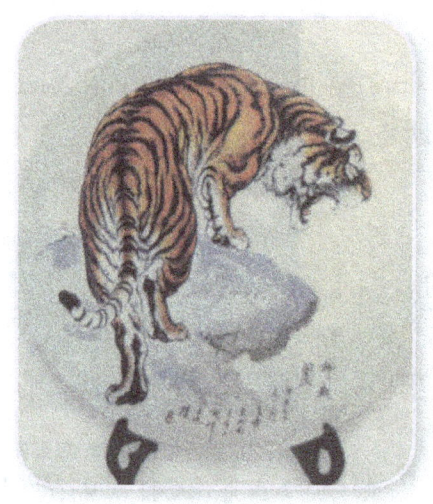

图 1-3　新彩

2. 釉下彩

在土坯阴干后先作画，再施釉，后用1300℃高温一次成型的称釉下彩。

3. 釉中彩

从釉下彩发展而来,先在阴干的土坯上施部分釉,干后作画,再施釉,再以高温烧成。

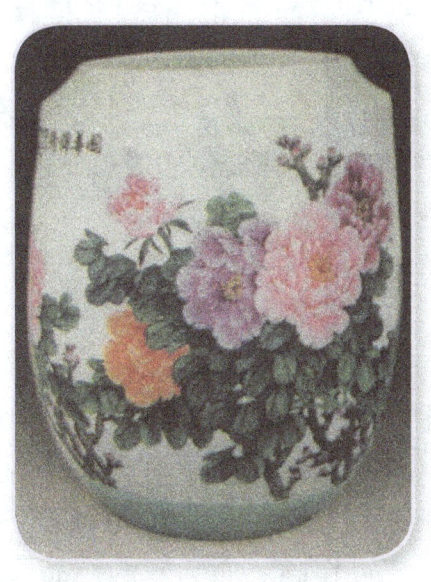

图1-4 釉上彩

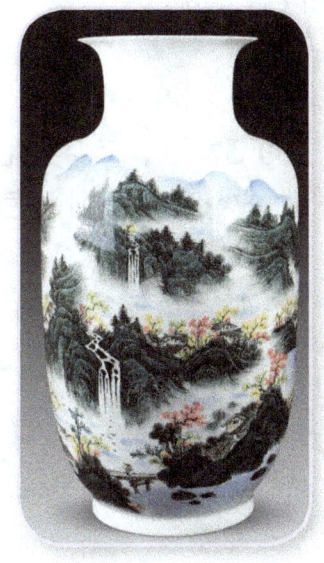

图1-5 釉下彩

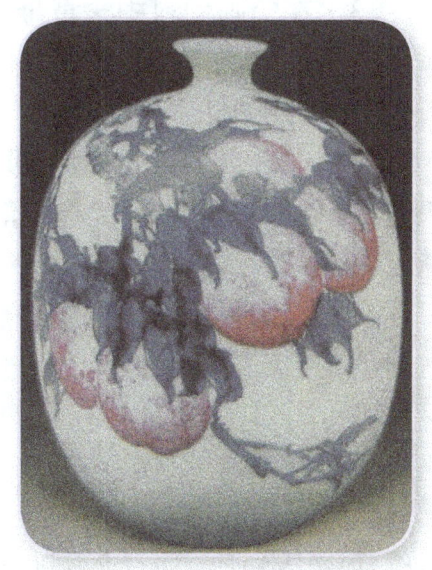

图1-6 釉中彩

(二)瓷绘的优越性和特殊性

1. 优越性

(1)特别适合初学者学习,画坏了可擦、可改,直到满意为止。

(2)瓷绘作品便于保存、携带,作品长期存放不变色、不发霉,还可以清洗,并可以作为传代家珍。

(3)瓷绘作品绘制过程工艺性强,许多视觉效果靠"做"出来,增加了趣味性,作品完成后有较强的成就感,制作者会觉得愉悦、舒畅、自得其乐。

(4)瓷绘作品作为自制礼品备受欢迎,而且品位较高,典雅脱俗。

2. 特殊性

(1)瓷用颜料的色相命名上同其他画种的颜料叫法不同,如甲赤、西赤、小豆茶、皮色、海碧蓝等,这需要逐步熟悉它、认识它。

(2)瓷用颜料是粉剂,需要乳香油将颜料粉调成固体块状,再用樟脑油稀释后才可作画。而画好的作品又必须经过800℃左右的温度焙烧,才能烧制成为一件有光泽的瓷画工艺品。

(3)在瓷画颜料中含黄金的颜料焙烧以后会变色。

黄颜色同其他颜色(主要是红颜色系)调配时,焙烧后会把红颜色"吃"掉的概率较高。

颜料中多数颜色是高温颜料,要烧到800℃左右,而少数几个颜色如硒红、代赭、深黄等只能烧到730℃~740℃,否则颜色全跑了。

在绘画习惯上,一定要养成笔蘸了樟脑油后直接在颜料上舔的习惯,绝不可在油瓶口上舔笔,否则油脏了直接影响画面质量。

二、画前准备

在瓷上作画前应该做哪些准备工作呢?

（一）准备瓷绘的材料

1. 颜料

瓷绘的颜料系矿物颜料，经高温处理加工成粉状，颜料色相品种多达二三十种，可相互调配使用。

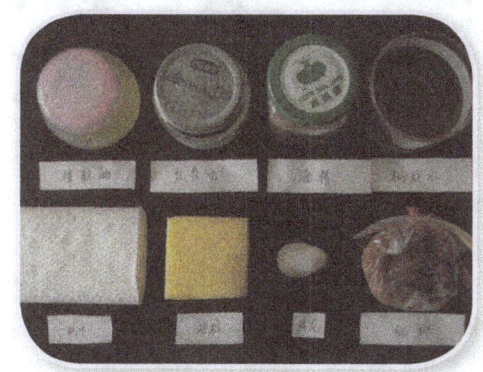
图1-7　瓷绘用材料

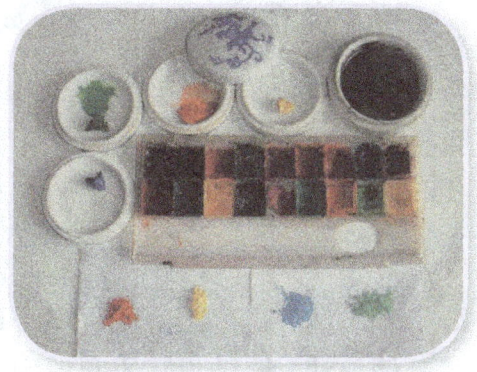
图1-8　新彩颜料

2. 颜料的调制

把常用的颜色，如：深黑、西赤、甲赤、小豆茶、洋红、深绿、暗绿、川绿、深蓝、天青、浓黄等调好待用。

具体调制过程如下：将适量颜料粉放在玻璃板上（或白瓷色板），中间扒个凹穴，倒入少许乳香油（几滴），然后用调料刀将颜料粉和油拌匀，一面拌，一面用力研，最后调到颜料成块，而且不粘手为宜。

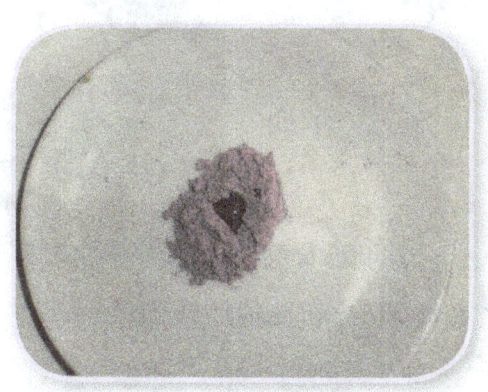
图1-9　在颜料粉中加适量乳香油

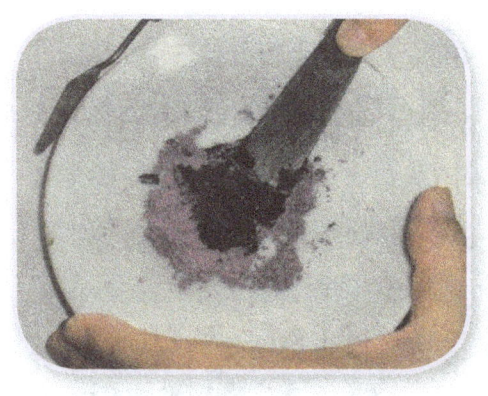 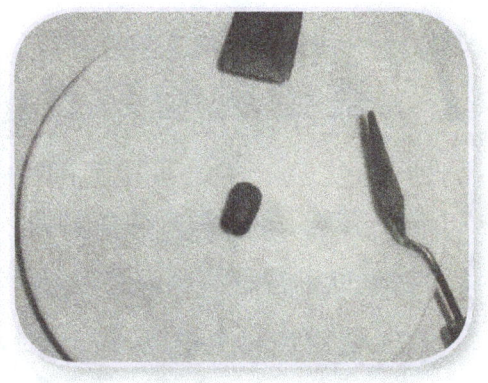

图1-10 将颜料和油调匀　　　图1-11 调成块状的颜料

3. 调色剂

乳香油：调颜料粉用，具有干得慢、光泽亮的特点。

樟脑油：稀释调好的颜料用。

酒精：浓度为95%的医用酒精（乙醇），洗笔、处理画面及特殊效果用。

桃胶：调水料时必须加桃胶，增加附着力，颜色干得快。

4. 画材：各类瓷器

各式瓷盆、瓷砖、瓷板及其他陶瓷器皿：画瓷画用。

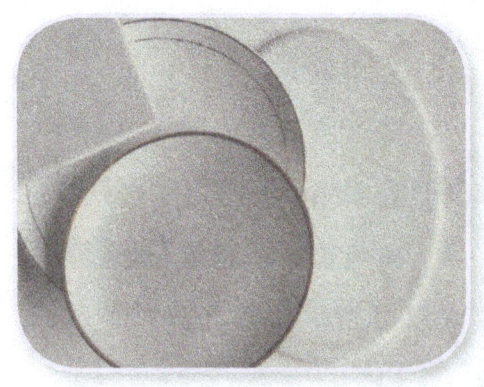 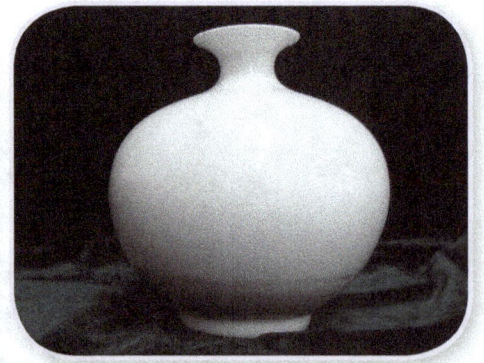

图1-12 瓷板　　　图1-13 瓷瓶

5. 其他材料

棉签、药棉、卷筒纸、海绵：擦拭及处理效果用。

（二）准备瓷绘的工具

1. 笔

瓷画笔：专门用于画线描的笔。

着色笔（填色笔）：油料适宜用狼毫笔或兼毫（料湿也可以用羊毫笔），水料可用羊毫笔。

彩笔：处理细腻的色彩变化、过渡时用，用时须把笔头扎紧，一般在人物面部着色时用。

刮笔：用来处理已干的线条刮细、刮光，可用铁笔或其他金属尖状物代替。

海绵笔：处理明暗渐变、色彩过渡和大面积色彩匀平用。

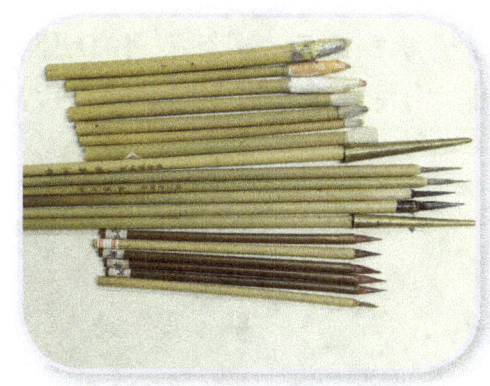

图 1-14　画笔

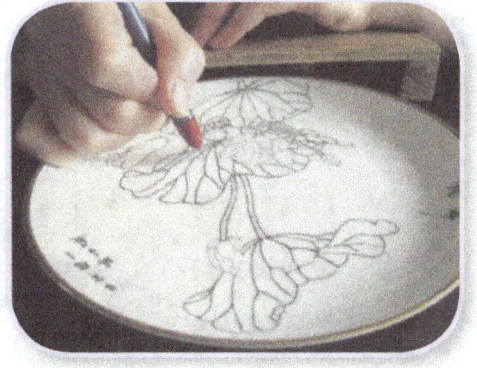

图 1-15　枕手

2. 其他工具

纸刮：画的线条及色彩需及时修正时用。

料盒：盛放调好的颜料用，着色时又可作调色盘用。

拌料刀：调整油料颜色用，可使用油灰刀及油画刀。

枕手：作画时用以枕着手腕用，确保画线描时手不抖。

研钵：调水料时研磨颜色粉用。

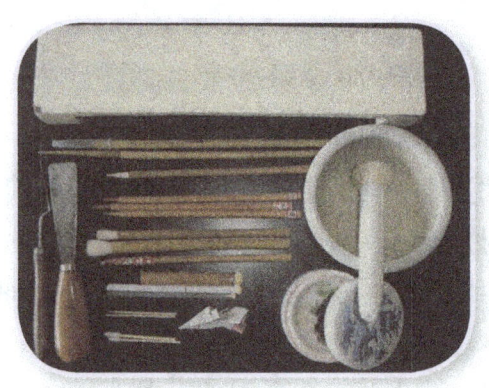

图 1-16 其他工具

3. 自制工具

（1）制作海绵笔

用适当厚的海绵一块，略大于管状物圆口，用针尖将海绵四周塞入管孔内，使其呈半球形即可。海绵笔要有弹性，不可太紧，否则影响使用效果。

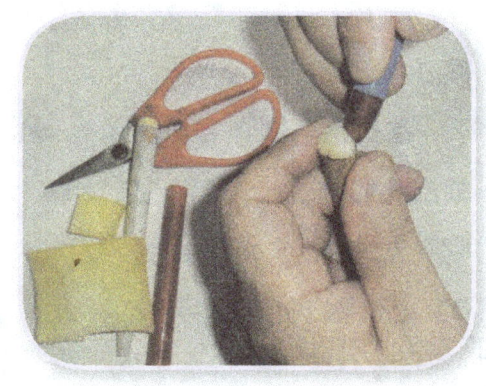 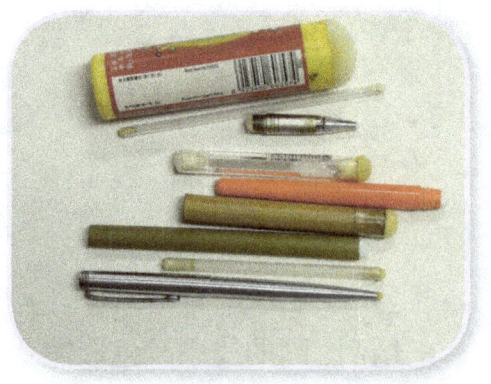

图 1-17　用尖状物把海绵塞入管孔内　　图 1-18　塞好的海绵笔

（2）制作彩笔

彩笔头由纯羊毛制成。剪一条三四十厘米长，宽一厘米左右的较硬且有韧性的广告纸，从笔杆开始向笔尖螺旋形包扎，笔头留出2～3毫米时返回，再从头向杆包扎直至纸条用完，笔头扎紧为止，再用玻璃胶纸粘贴固定即可。

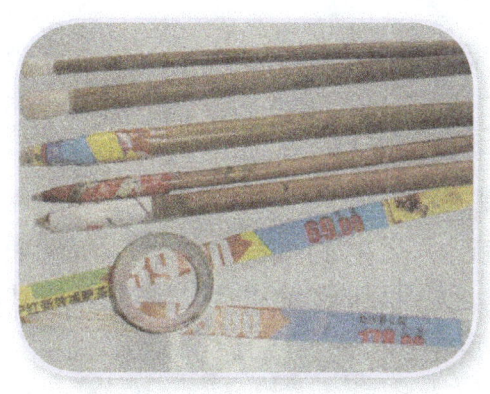

图 1-19　准备好包扎用纸条、胶水纸

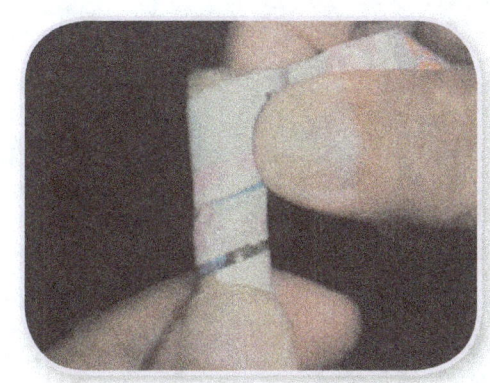

图 1-20　呈螺旋形方式包扎　　图 1-21　最后用玻璃胶纸固定

（3）制作纸刮

用废旧报纸裁成 64 开大小的纸，先一折四（四层），再在长方形封口一边中点将四层折成三等分有一定硬度的锐角三角形纸刮。

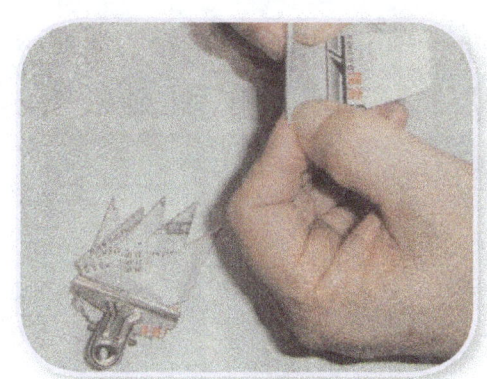
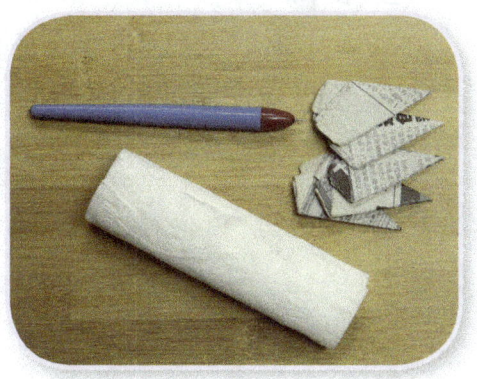

图 1-22　折纸刮　　　　　　图 1-23　完成的纸刮

三、瓷绘艺术技法要点

（一）拓印法

1. 确定画稿样片

选择一幅自己喜爱的画稿样，按自己所画材料的规格复印、缩放到同样大小。若是画在圆盘中，则要将图纸剪成圆形，并在圆圈上剪开几个口子。

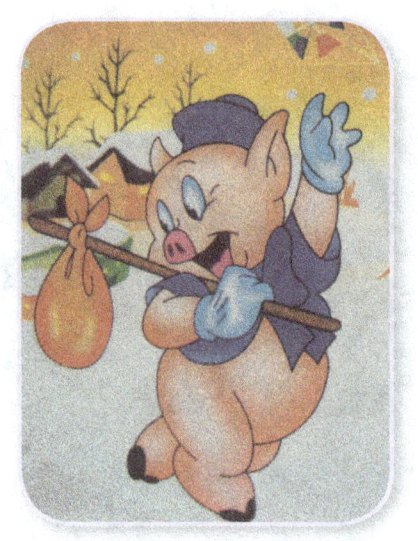

图 1-24　教材图稿

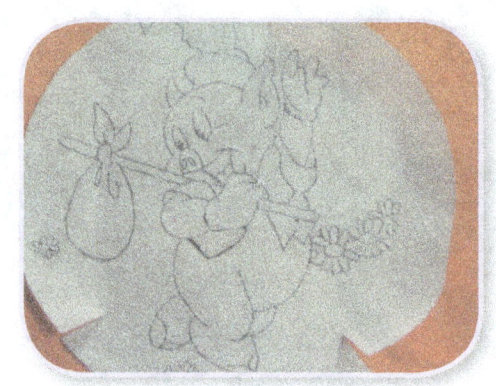

图 1-25　纸稿

2. 上油

在要作画的瓷盘上，先用棉球或餐巾纸蘸点樟脑油（把油挤干），在瓷盘表面薄薄地涂抹上一层油，待干。其作用是让铅笔线能画在瓷盘表面上。

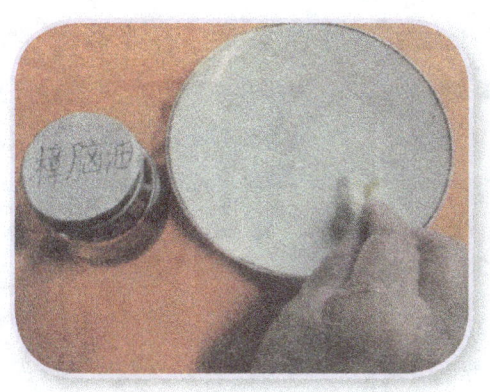

图1-26　在瓷盘上揩一层油

3. 涂灰

将已定好的画稿反面，用1B或2B的铅笔均匀地涂上一层铅笔灰，然后用玻璃胶纸固定在瓷盘表面。

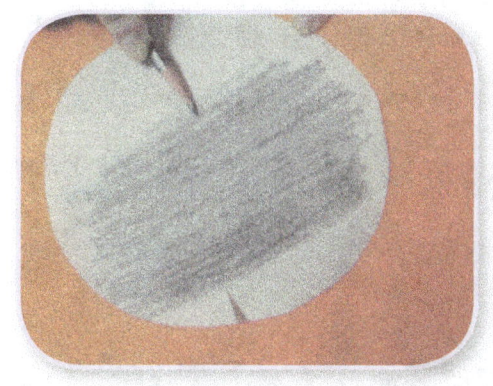 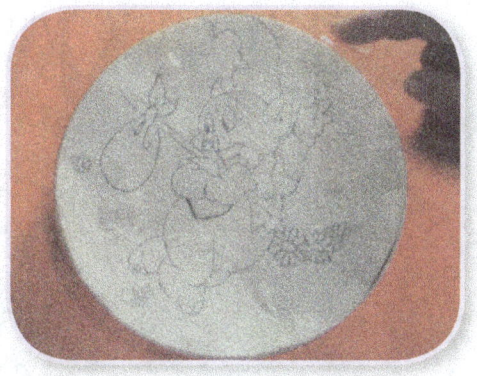

图1-27　在图纸背面涂铅笔灰　　　图1-28　固定图纸

4. 描线

用1H或2H铅笔（红色圆珠笔更好）依次将画稿线条细致、耐心地描一遍。这样，拿掉图纸后，瓷盘上就留下了一个清晰的铅笔轮廓线。

瓷绘工艺——异形瓷器瓷绘技法

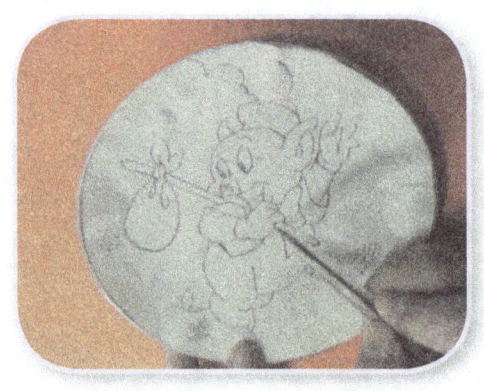 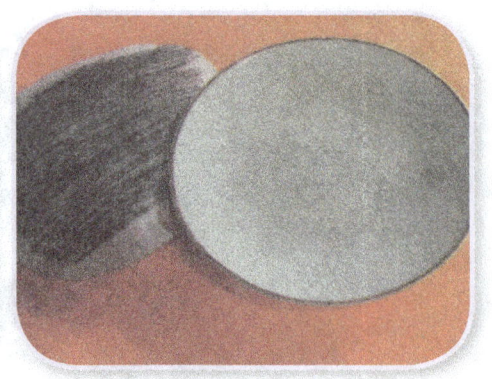

图 1-29　细心地描出轮廓　　图 1-30　在瓷盆上描好的铅笔轮廓

5. 勾线

在铅笔轮廓线上用黑色（瓷用颜料）先勾线。皮肤线条宜淡而细，衣服线条则可粗且深一些，这样可以使画面线条有变化而且生动。

勾线需要耐心和细心。如果线条要画得直、光，还需要下些工夫多练习。

线条画好了，不能马上上色，需要等它干透。

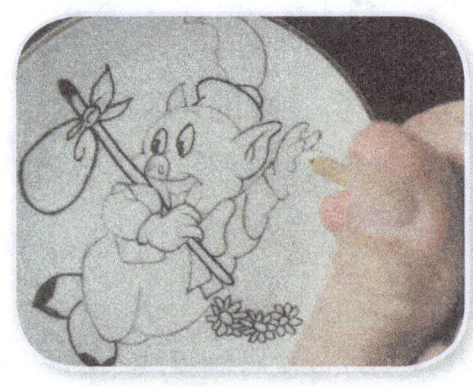 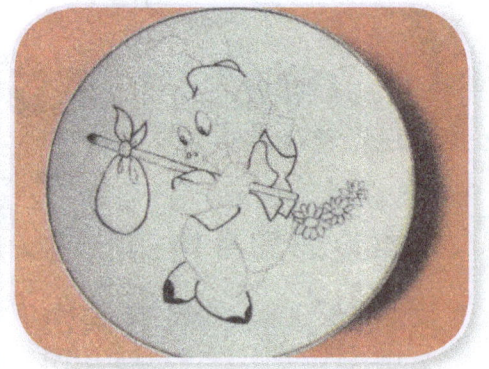

图 1-31　用瓷用颜料勾线　　图 1-32　描好的铅笔轮廓

（二）着色方法

1. 明暗过渡（深淡过渡）

如脸部和身体的肤色，先在较深的地方涂上西赤、然后用海绵笔将西赤轻轻地点氩,从深到淡直到白色。

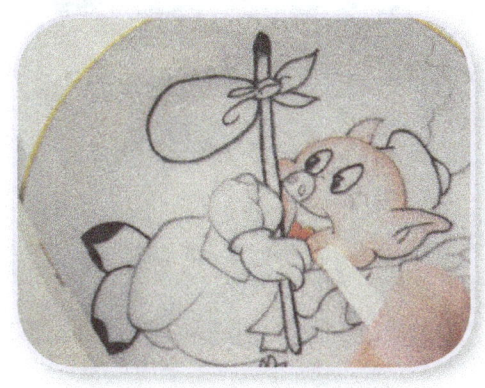 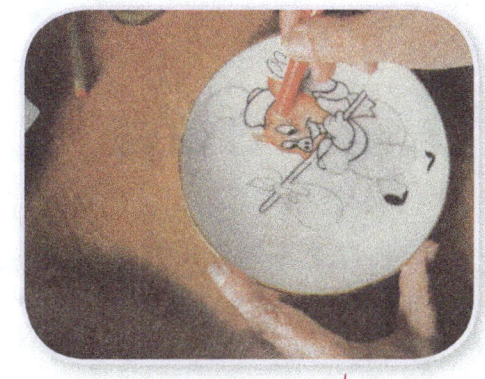

图 1-33　先用西赤点涂在脸部　　图 1-34　用海绵笔将色彩过渡到白色

2. 平涂

用平涂法着色时,有两种情况可以涂得平且没有笔触痕迹,一是把颜色舔到饱和状态,即最深;一是把颜色调得很淡。如果出现笔触,则可用海绵笔轻轻地把它揿平。

上衣和帽用深色平涂,衣服内衬用天青色,太阳用西赤较深平涂,云彩用天青色逐步过渡到白色。

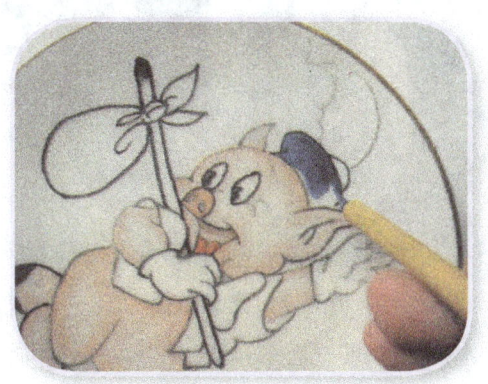

图 1-35　平涂色彩

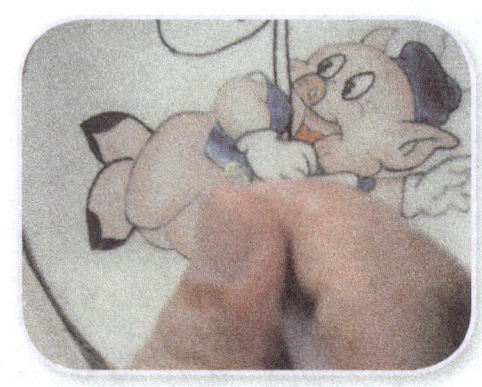 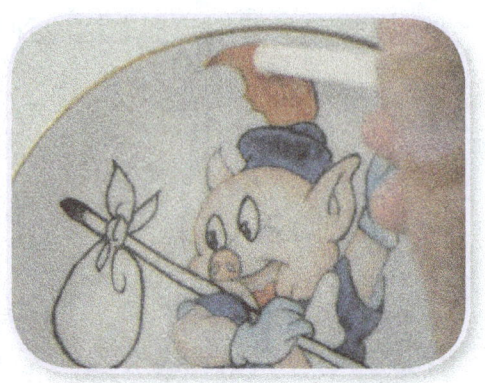

图1-36 平涂颜色不匀的可用海绵笔将颜色匀平

图1-37 背景的着色

3. 色彩过渡

两种以上不同色彩过渡是把颜色分别涂好，然后逐步过渡用海绵笔揿匀。底色可用深绿、暗绿逐步过渡。

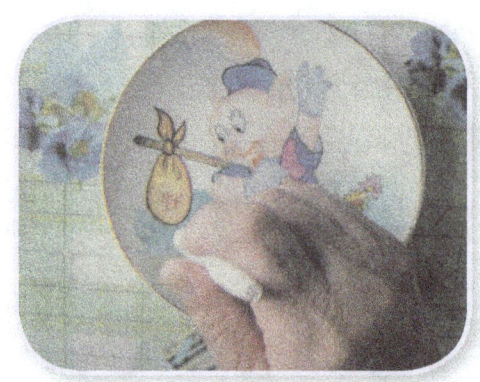 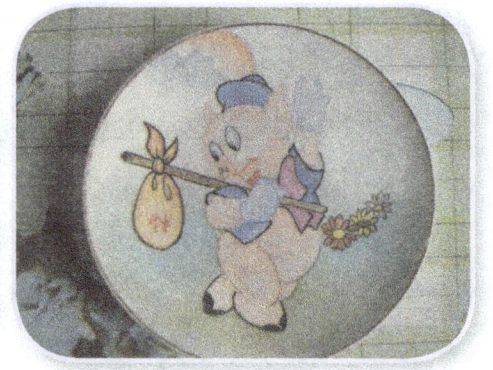

图1-38 两种色彩先分别点涂，再用海绵笔将两种色彩过渡揿匀

图1-39 完成瓷画

最后对整体做些整理、调整，至此，一幅瓷画作品就完成了。

注意：着色用笔每次用完后用酒精洗干净；着色笔不可混用，最好一种颜色一支笔。

四、瓷绘的小技巧

我们已经实践了一次瓷绘的过程，画出了一件瓷绘作品，是个"处女作"，好好保存，留作纪念。可与以后瓷绘作品作个比较，看看进步、提高了多少。

以后在每次准备画瓷时，必须提前半至一小时在当天要使用色相的色块上先滴一滴樟脑油，切记，不要遗忘！这样可以达到"预热"的效果，即这一滴油可以先把色块溶化起来，当您开始作画上色时，着色笔蘸了油，一打料颜色就很深了。但是提前滴油的小窍门不是时间提前得越长越好，这样反而会适得其反。如果在色块上不是滴一滴油，而是倒不少油，把色块浸泡在油里，结果时间一长上面会结起一层半透明的膜，颜色怎么打料也不会深了。

此外，每次画瓷前还要提前准备好勾线笔、海绵笔、纸刮、餐巾纸、棉签、刮笔、酒精等。如需着色时，事先还需准备好相应的着色笔备用。最好还自制一只简易笔架（可用废弃的牙膏盒制），着色时不至于摊了一桌子。

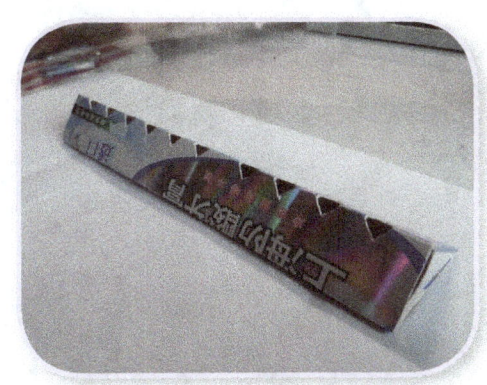

图 1-40　牙膏盒再利用

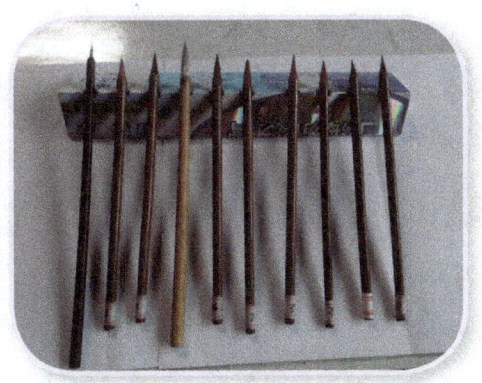

图 1-41　自制笔架

最后，请大家牢记瓷的特点是"白如玉、薄如纸、明如镜、声若磬"。以后在选购瓷材时，只要通过"看"——是否白亮；"掂"——是否轻；"对着光看"——是否薄透，把手指放在瓷盘后是否看得到指影；"听"——托住瓷材，轻轻敲击，声音清脆悦耳有回声是佳品。

第二讲　茶杯的瓷绘技法

在日常生活中，我们每天都会接触瓷器，其中很大一部分是异形瓷器。所谓异形瓷器是指除瓷板（平面的）、瓷盆（近似平面的）以外的杯、壶、瓶、碗等圆柱体、圆锥体、圆球体及多种变形体综合而成的各种瓷质器皿。

一、单件茶具的瓷绘技法

茶具是指饮茶时用的器皿，一般可分为单件的盖杯，以及成套的茶具（包括茶壶、茶杯、茶杯托、茶盘和茶叶罐）。

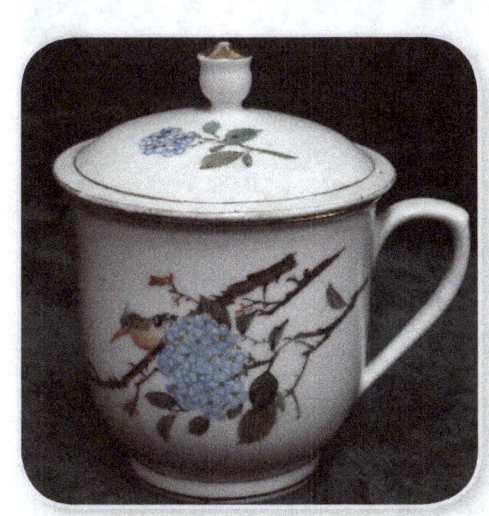
图 2-1　茶具的瓷画装饰的一面

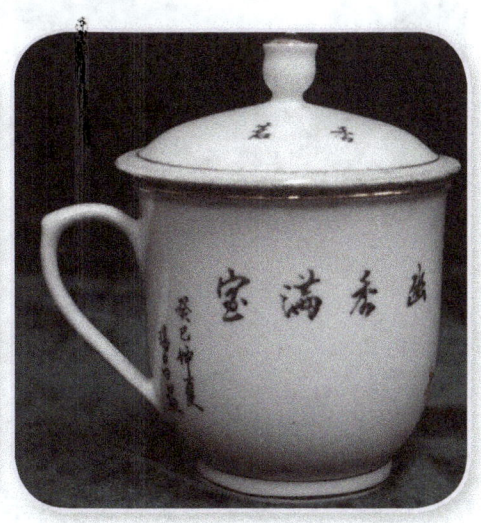
图 2-2　茶具的另一面

瓷绘工艺——异形瓷器瓷绘技法

茶具装饰是指茶壶和茶杯等的表面装饰。一般而言，茶壶与茶杯右手执壶（或杯）面对自己的一侧画画，反面写字。（图 2-1、图 2-2）

这是约定俗成的规矩。无柄的茶具就不存在这个问题了。

（一）盖杯的装饰

居家、办公最常用的茶具就是盖杯。盖杯（包括其他异形瓷器）表面的装饰以写意形式为宜。写意画不像工笔画那么严谨，造型比较灵活，而且画就的速度较快。一般盖杯以写意的花鸟和山水内容居多。（图 2-3、图 2-4）

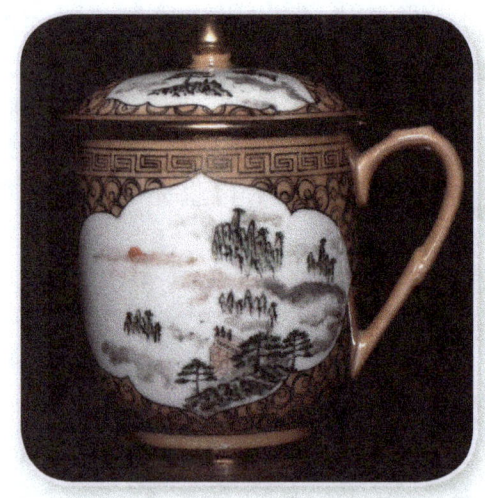
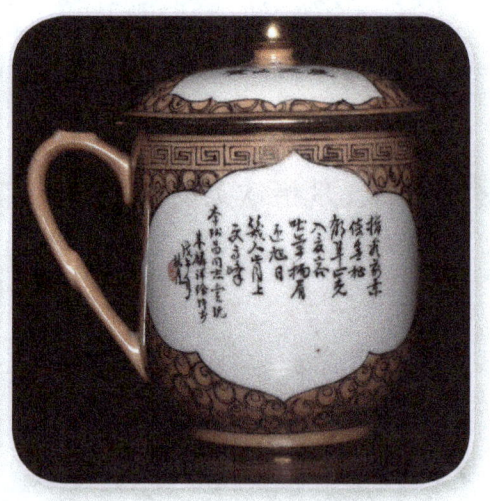

图 2-3　用山水画装饰　　　　图 2-4　另一面标题落款

（二）盖杯的画面处理

右手持杯，面对自己的杯面作画。作画的范围上面离杯口 1 厘米左右（以饮水时嘴唇碰不到为宜），下面离杯底 1.5 厘米左右（太靠底视觉效果差），右面离手柄 1 厘米左右，左面可到手柄的对角线这样一个范围内。（图 2-5）

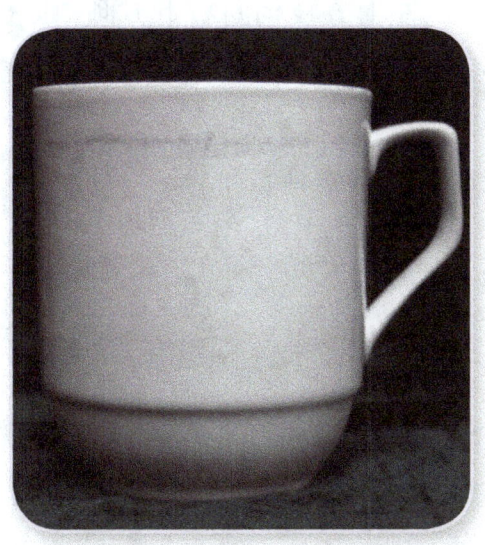

图 2-5　盖杯装饰范围

如制作《牡丹兰雀图》。在画面的范围内,中间偏上的部位画兰雀(注意尾部离杯口 1 厘米),头在下向右扭转,目视右下方的牡丹花。(图 2-6)

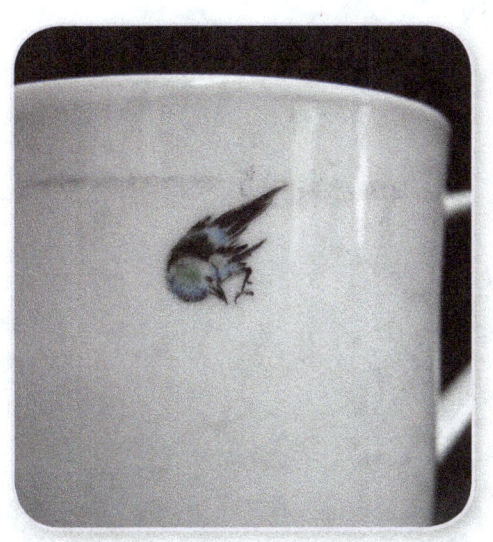

图 2-6　中间偏上部位画兰雀

接着画枝干,从左上方枝梢向右下方倾斜画出,由细到粗,注意枝干上的节疤,并在右下方预留出牡丹花的位置。(图2-7)

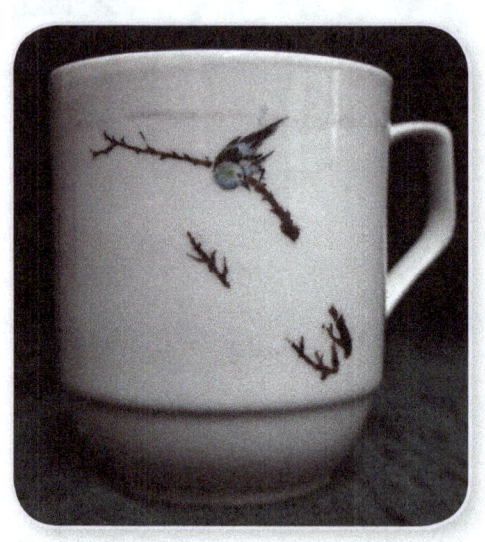

图2-7　画出左上右下的斜枝干

再在空隙的位置上画一朵牡丹花,注意花瓣的层次,用深淡来区分。(图2-8)

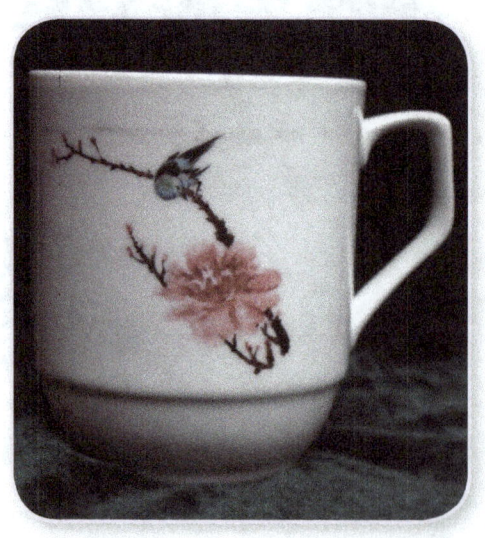

图2-8　空白处画出牡丹

然后在花的左侧及右上方用深（暗绿）加少许淡（川绿）两种绿画出叶子；并在花的下方添加小的枝干，在枝头上用洋红点上些色点。（图2-9）

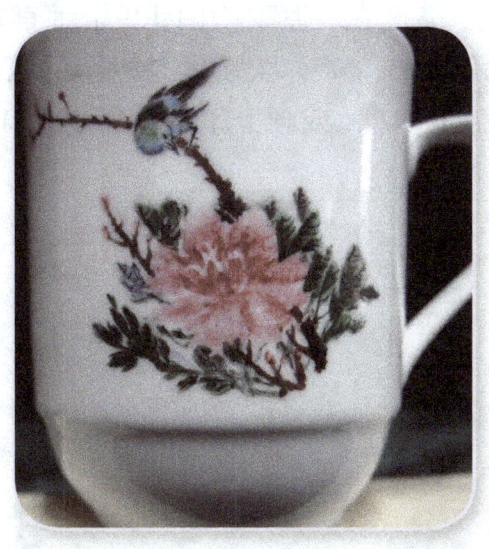

图2-9　画出不同深浅的叶，完成装饰

至此，画面全部完成。将杯子旋转180°，杯柄转到左侧。（图2-10）

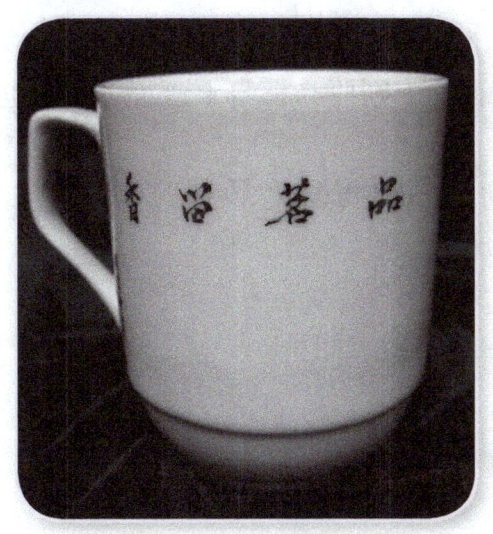

图2-10　背面书写标题

在反面的空间书写文字,从右至左写上"品茗留香",字离杯口约 2~2.5 厘米,"品"字写在离画面左边约 2~2.5 厘米,然后间隔 1 厘米写一字,先写"香"字,再往右写"留"直至"品"字。再间隔 1 厘米左右,高度在"香"字中间开始垂直写下落款——×年 × 月 × × 画等字样。字体大小约是标题的四分之一至二分之一间,并在款下盖上印章(或画上印章)。(图 2-11)

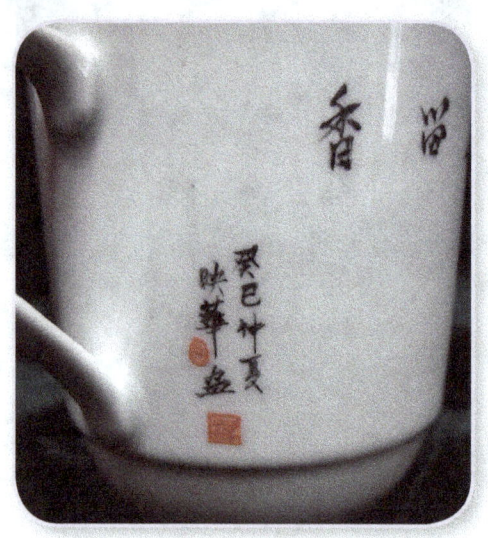

图 2-11　落款和印章

杯盖上如要画画,则要与杯身上画面匹配,也应画牡丹,只是应简单些。

在画的对面题款都要简化,可写"留香"二字,稍大,落款× ×,画加个小印章即可。(图 2-12)

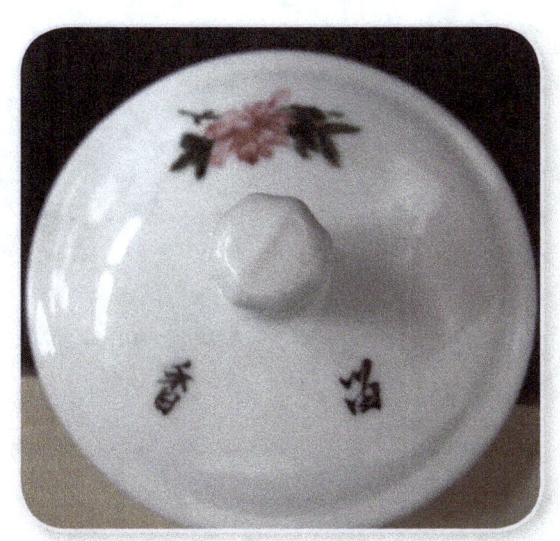

图 2-12　盖子上的装饰和文字都简化

练一练：在茶具——盖杯上画上自己喜欢的写意花卉。

第三讲　成套茶具的瓷绘技法（一）

本讲是讲成套茶具，包括茶壶、茶杯（四只或六只）、茶盘、茶叶罐，有的还包括茶杯托和托盘。

茶壶的瓷绘技法

茶壶是成套茶具的主要部件，它体积较大，需要装饰的面积也较大，所以更要认真对待。同盖杯一样，右手持柄执壶，面向自己的一面壶身画画。（图3-1）壶面装饰以花鸟、山水较宜，而且以写意的形式更为合适。

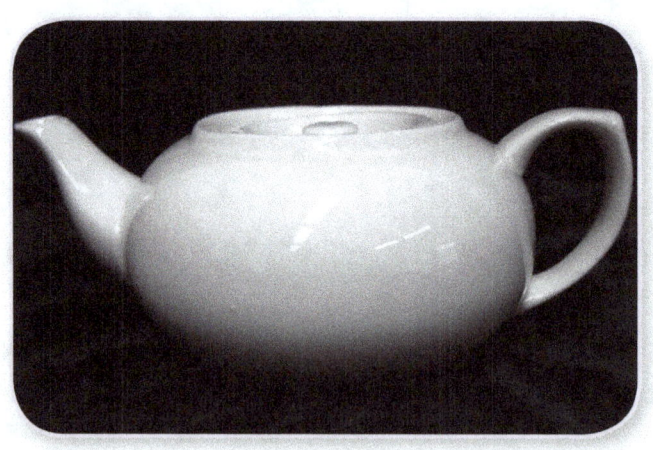

图3-1　柄在右的壶面画装饰

如《滇南春色》，先画鸟，从左边的一只鸟开始。画鸟先画嘴，从上下喙（huì）中间的中间线开始，注意嘴尖从右上向左下的位置，还要注意位置和长度，然后画出上喙及下喙的线条。再画鸟的眼睛，位置在嘴的中间线后上方，并注意眼珠的光点必须留出（或括出）；前额涂黑色，头顶留白，用淡灰色勾出头的轮廓，并用淡灰色染脖子；从下喙向下用淡灰线条画喉部，再以西赤（淡）染喉部下方。（图3-2）

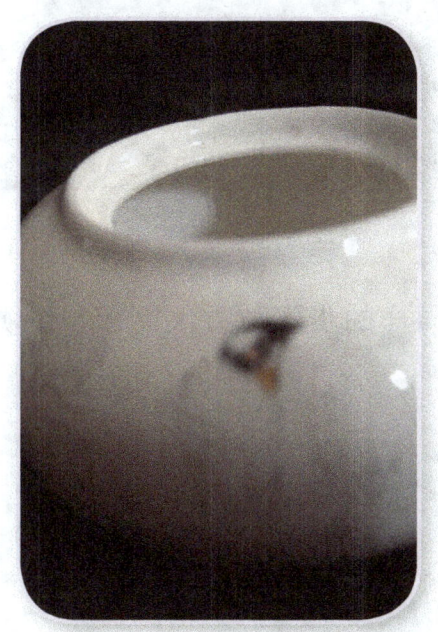

图 3-2　白顶鸟的头部

紧接着以较深的墨色涂肩背部，用海绵笔轻轻过渡至复羽，中间一直过渡至尾部，然后用淡灰色画出复羽的造型；再用深墨画出飞羽及尾羽，以淡灰色线画出腹部、腿部及尾部的轮廓线；最后用深黑画脚和爪，注意要画出勾住树枝的造型，至此左边的鸟完成。（图3-3）

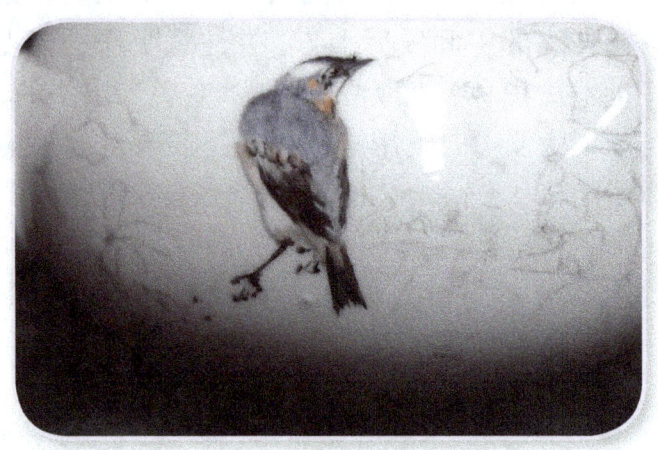

图 3-3　画好左边的鸟

右边的鸟用同样的步骤与方法画出,必须注意位置的判断正确。(图 3-4)

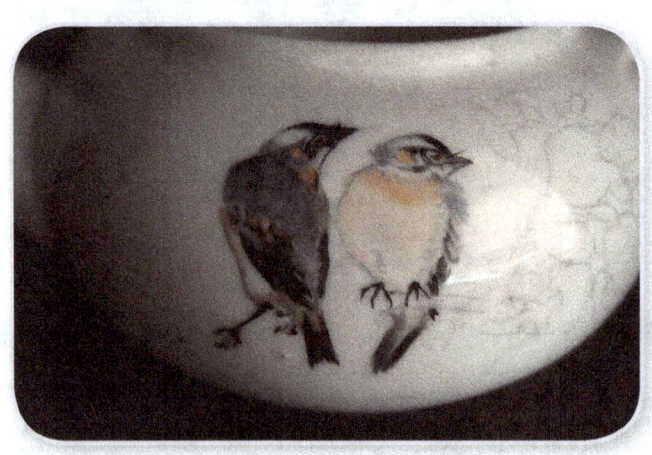

图 3-4　画好右边的鸟

随后用稍淡的黑色画出在鸟下的枝干，由左下至右上的枝干，其间预留出茶花和叶的位置。（图3-5）

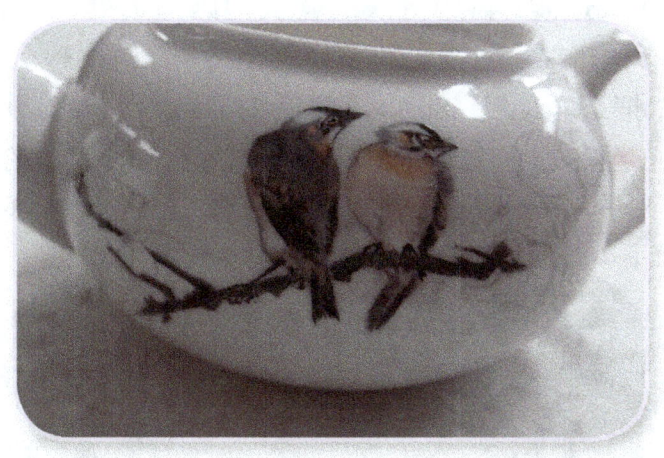

图3-5　双鸟下的枝干，预留出花和叶的位置

再用甲赤分别在双鸟的右上侧及左侧画出三朵盛开的茶花及三朵花蕾，五瓣的茶花花瓣必须用海绵笔揿出深浅过渡变化。花蕊中间用浓黄填色，再在中间刮出雄蕊造型。（图3-6）

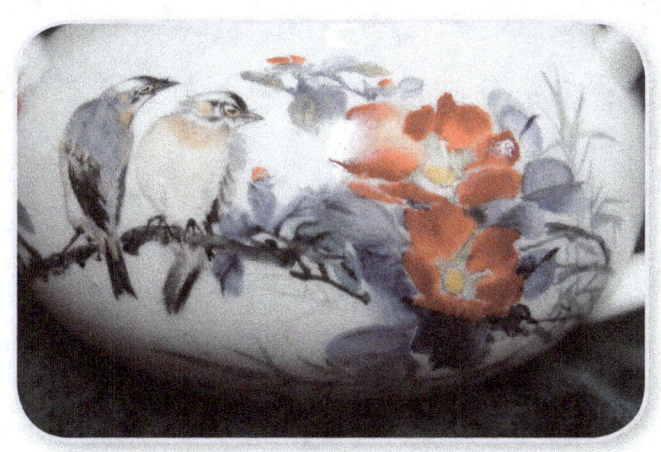

图3-6　画好的茶花、反叶子

瓷绘工艺——异形瓷器瓷绘技法

用蓝灰（深蓝加黑）及绿黄灰（暗绿加少许浓黄和蓝灰）画出不同造型、不同方向、不同大小的叶片、花托等，叶片须用海绵笔揿出深淡过渡；再用更淡的蓝灰勾画出远处的竹枝和竹叶。待叶片色彩稍干时，用较深的黑线勾出叶脉。（图3-6）

最后，把茶壶旋转180°，使壶柄在左，壶嘴在右，并在壶身中间偏上自右至左写上"茶香沁心"或"品茗留香"，并在最左边落款：×年×月××画，字体须比标题小三四倍。（图3-7）

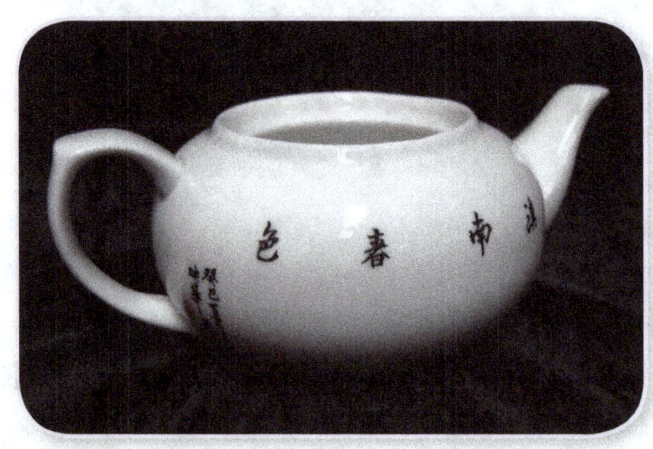

图3-7　反面标题、落款

练一练：在成套茶具——茶壶上画上自己喜欢的花鸟或山水纹样。

第四讲　成套茶具的瓷绘技法（二）

成套茶具中的茶杯，分有柄的和无柄的。有柄的茶杯同茶壶一样，柄在右边时杯面作画；柄在左边时杯面标题、落款。无柄的杯则无影响，一面作画，另一面写字即可。

由于是成套茶具，所以茶杯的绘饰应与茶壶相统一，只是因为杯面比壶身小，因此绘饰的图案应简化些。

茶杯的瓷绘技法

以无柄的茶杯为例，可在杯面任意位置作画。（图 4-1）

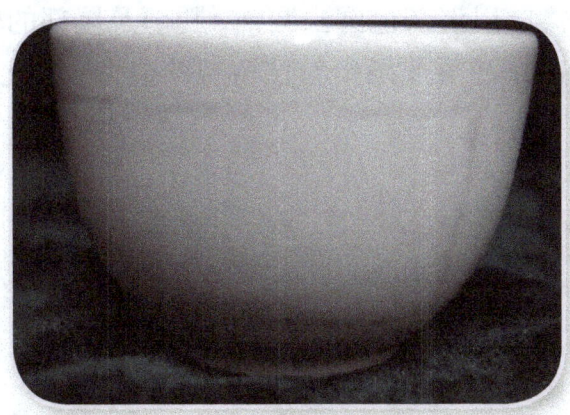

图 4-1　在杯面任意位置作画

由于可画的面积较小，可把壶上所画的内容简略些，两只鸟改画一只，右侧两朵花减画一朵。先画小鸟，先从喙部开始，依次画出喙线、上喙线、下喙线、眼圈、眼珠（注意留出或刮出光点）。

前额涂黑色，头顶留白，用淡灰色勾出头部轮廓，并用淡灰色染脖子。从下喙向下用淡灰线条画喉部，再以西赤（淡）染喉部下方。（图4-2）

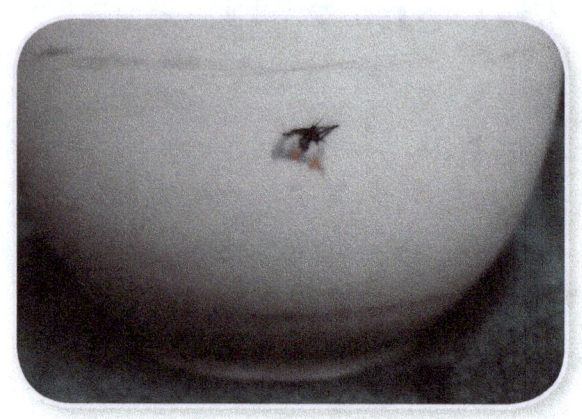

图4-2　小鸟的头和颈

紧接着以较深的墨色涂肩背部，用海绵笔轻轻过渡至复羽，中间一直过渡至尾部，然后用淡灰色画出复羽的造型；再用深墨画出飞羽及尾羽，以淡灰色画出腹部、腿部及尾部的轮廓线；最后用深黑画脚和爪，注意要画出勾住树枝的造型，至此鸟全部完成。（图4-3）

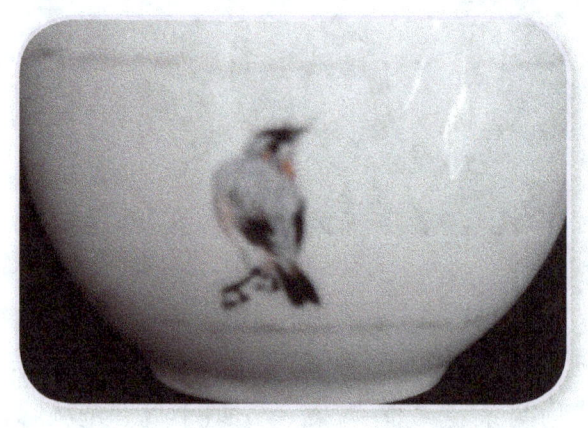

图4-3　完整的小鸟

随后用稍淡的黑色画出鸟脚下的枝干，由左下至右上的枝干，其间预留出茶花和叶的位置。（图4-4）

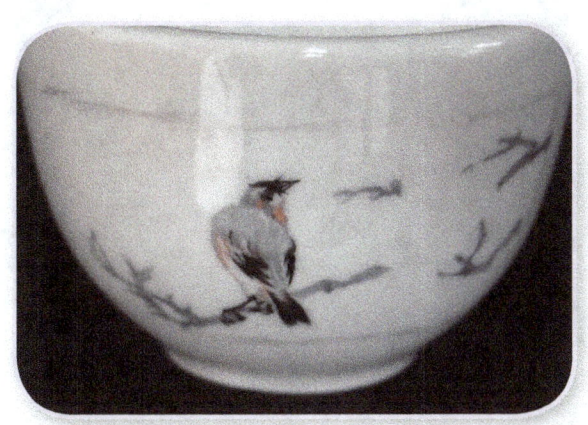

图4-4　添鸟脚下枝干，预留花叶空间

再用甲赤分别在鸟的左侧画出一朵盛开的茶花及一朵花蕾。茶花的五瓣花瓣必须用海绵笔揿出深浅过渡的变化。中间的花蕊用浓黄填色，再在中间刮出雄蕊造型。（图4-5）

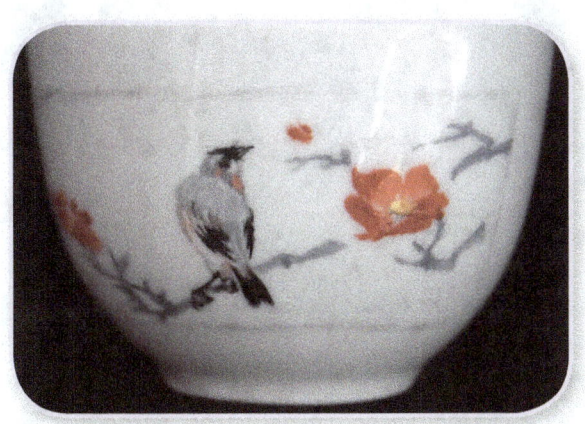

图4-5　完成一朵茶花

用蓝灰（深蓝加黑）及绿黄灰（暗绿加少许浓黄和蓝灰）画出不同造型、不同方向、不同大小的叶片及花托。再用海绵笔揿出深

淡过渡。远处的竹枝和竹叶可用更淡的蓝灰勾画出来。(图 4-6)

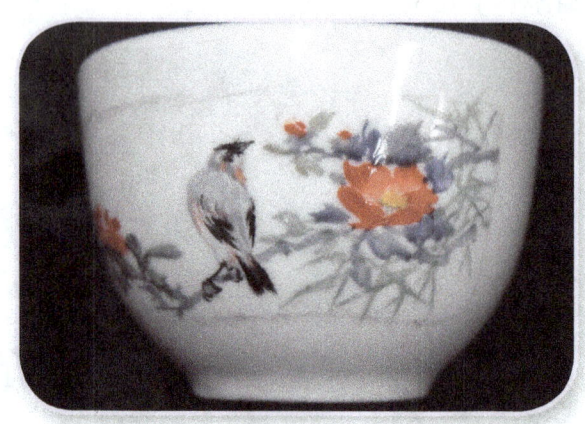

图 4-6　不同造型不同方向的叶子

待叶片色彩将干时(可用吹风机吹干),用较深的黑色勾出叶脉。(图 4-7)

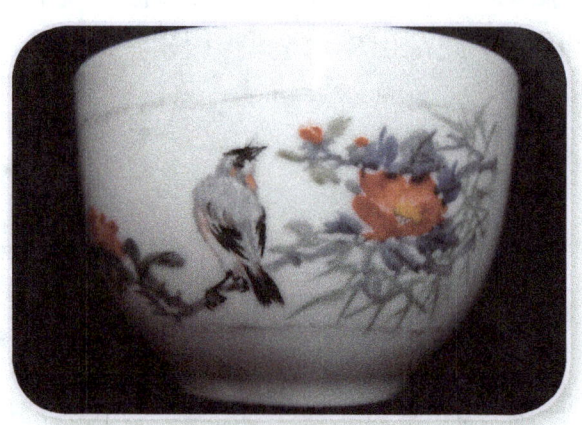

图 4-7　将干时勾出叶脉

最后,把茶杯旋转 180°,在反面杯身中间偏上自右至左写上"沁心""品茗"等字样,并在最左边落款:×年×月××画,字体需比标题小三四倍。(图 4-8)

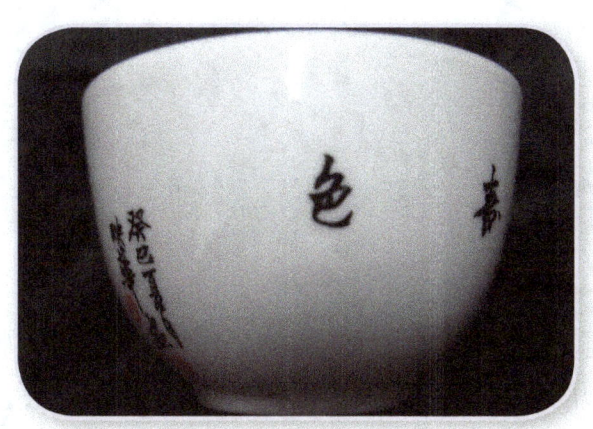

图 4-8　画面背面标题落款

此后，在其余的茶杯和茶叶罐、托盘等上面逐一画上同样的图案，完成成套茶具的装饰。

练一练：在成套茶具——茶杯上画上同茶壶相同的花鸟纹样，但应简化些。此外，还应注意根据茶叶罐、托盘面积的大小选择适宜的作画比例。

第五讲　瓷瓶的瓷绘技法（一）

瓷瓶的造型种类很多，有柱体状、球体状、葫芦状、扁平状等等不下二十几种。本讲学习"石榴瓶"的瓷绘技法，即在球体上进行瓷绘。球体状的瓷瓶，还有胆瓶、爽瓶、天球瓶、大蒜瓶、灯笼瓶等。装饰多写意花鸟、山水，尤以写意花鸟为宜。下面就以石榴瓶为例，具体讲述写意花鸟画《春风散幽谷》的瓷绘技法。

一、读画

仔细看清读懂画面画的是什么，想好表达画面所画景物的适宜技法。

二、《春风散幽谷》的瓷绘技法

（一）定位

由于石榴瓶是球体状，下部是不宜作画装饰的，瓶口周围三四厘米宽的范围内一般也不宜画足，故画面范围应定位在离瓶口三厘米外至底座边沿四五厘米处（以同一时间内所看到的画面全貌为准）。（图5-1）

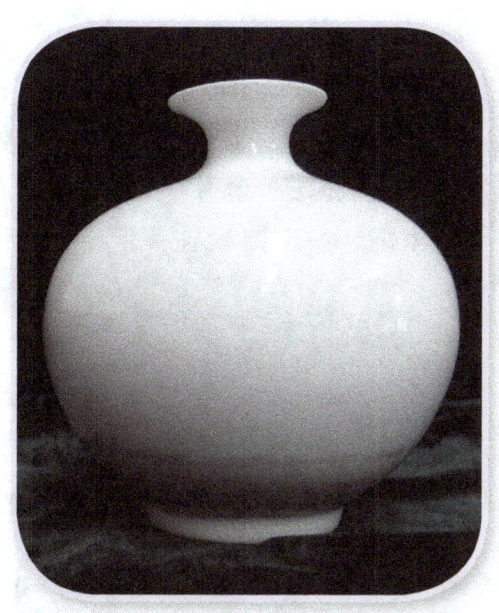

图 5-1　白胎的石榴瓶

在以上所讲的范围内，用淡墨分别点出兰花（前面一枝）的上、下、左、右的位置。（图 5-2）

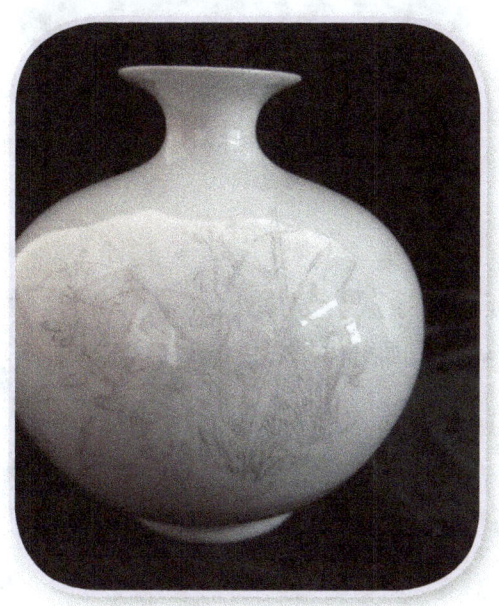

图 5-2　定位图

（二）画兰花

用深笔一笔画出兰花的叶尖，叶尖向左的兰叶可从叶尖画起，按叶的粗细决定手势提按，一直画至兰叶根部；朝右的叶片可从根部起笔，根据粗细决定提按，至叶尖逐步拎起。注意兰花是丛生的，所以根部不能太散，一定要聚在一起。（图5-3）

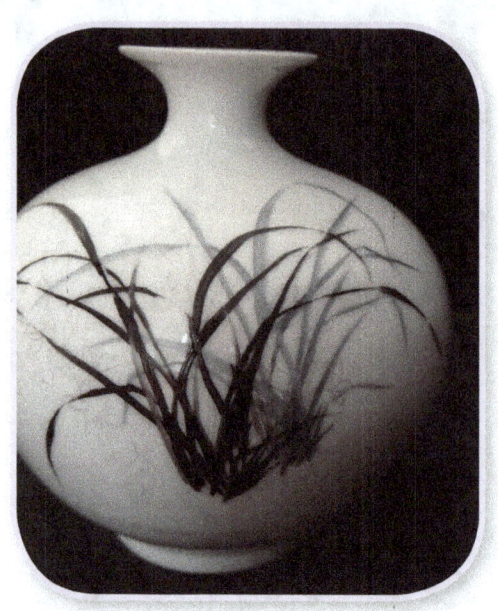

图5-3 左侧的兰花花茎

（三）画花瓣及花茎

用高级桃红、暗绿灰分别画出兰花花瓣及兰花花茎，先画左侧前面的兰花，注意画出花瓣的造型、方向、色彩变化和明暗变化。（图5-4）

再继续用上面的色彩舔淡后，画出远处稍淡的兰花，注意有的花茎要留出空白，以显出远处的兰叶。

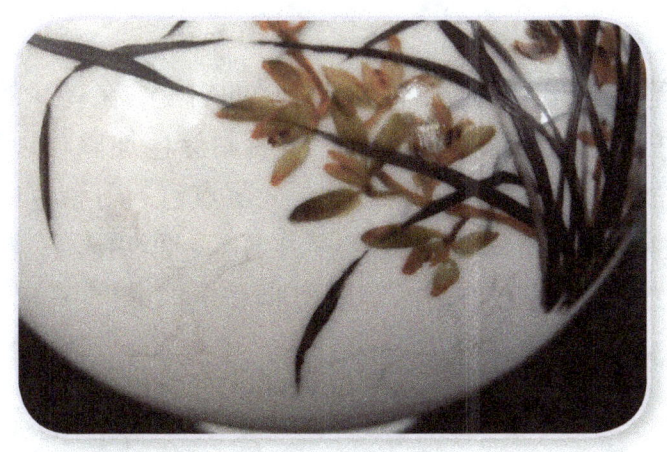

图 5-4　右侧稍后稍淡的兰花

（四）画远处的兰叶

用淡笔画远处的兰叶。同前面的兰叶一样，凡叶尖向上或向右的兰叶可从叶根开始运笔，根据粗细确定轻重提按，画至叶尖便逐步把笔拎高。凡叶尖向左的兰叶则从叶尖开始起笔向右运笔，注意粗细按提的变化，注意根部要聚在一起。（图 5-5）

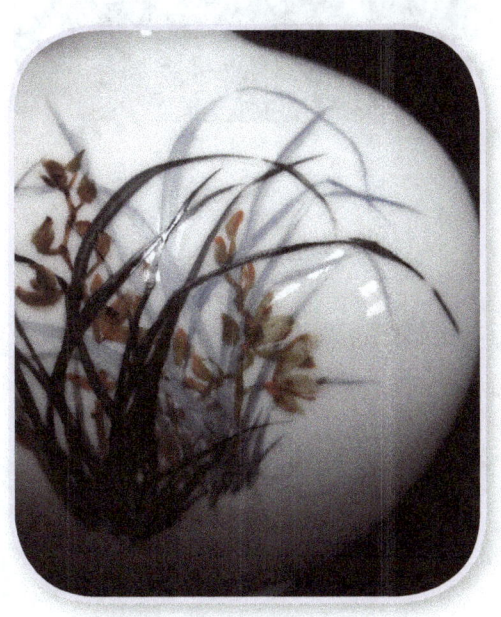

图 5-5　远处的兰叶

（五）画鸟雀

用深笔先画出鸟的嘴，方向向上、向右上，在鸟喙的左侧用深笔画眼，注意留出眼珠的高光点。然后用赭色加黑（少许）画出鸟头，眼框留白，喉部留白，用甲赤在喉部点红，用赭色加黑从肩部涂色然后揿虚，再用深笔勾出复羽，画出飞羽和尾羽，淡笔画出尾羽和腹部、腿部造型，再用深笔画出脚和爪。（图5-6）

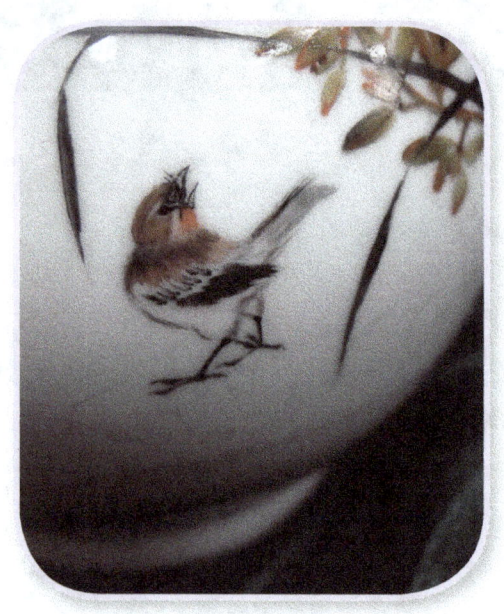

图5-6 兰花下的鸟

（六）铺地色

用黑色加点深绿较随意地在兰花根部点丑，再用海绵笔揿开（见第一讲着色方法中的明暗过渡法），有的可用笔触直接点涂，远处的逐步揿淡。（图5-7）

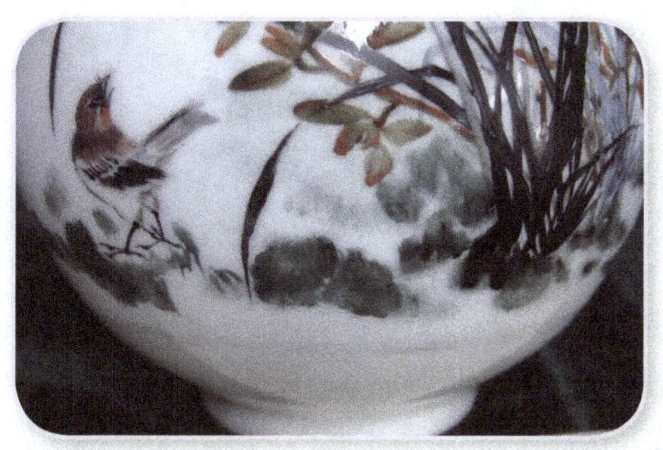

图 5-7　铺好地色

三、标题、落款

在"石榴瓶"的反面中间偏上的部位,自右至左写"春风散幽谷"五字,最左面落上:×年×月××画。最后盖上印章。(图 5-8)

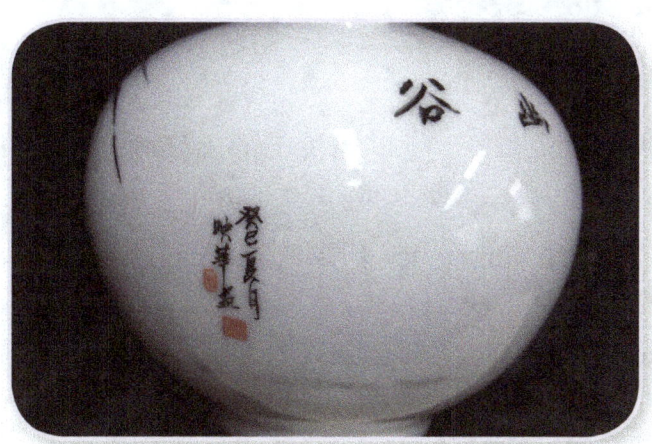

图 5-8　反面标题、落款

练一练:在类似球体状的花瓶上画上自己喜欢的花鸟作品。

第六讲　瓷瓶的瓷绘技法（二）

摆件"冬瓜瓶"的瓷绘技法。由于冬瓜瓶近似圆柱体，面积比较大，所以要安排较大的画面《觅食》来装饰，下面具体讲述《觅食》的瓷绘技法。

一、读画

认真读画，仔细看清读懂画面画的是什么（芭蕉、小鸡和蚂蚱），以及考虑如何表现好芭蕉及小鸟的毛茸质感。

二、《觅食》的瓷绘步骤

（一）定位

冬瓜瓶瓶身较粗壮，故可用较大的画幅来装饰。《觅食》是较为合适的写意作品。摆件冬瓜瓶画面定位，上沿可画至瓶颈下 2 厘米处，下沿画至距底座 3～4 厘米处，左右两侧以眼睛同一时间观看瓷瓶的视野为准。（图 6-1）

用合适的画稿在冬瓜瓶身上固定后，用拓印法画出图稿。（图 6-2）

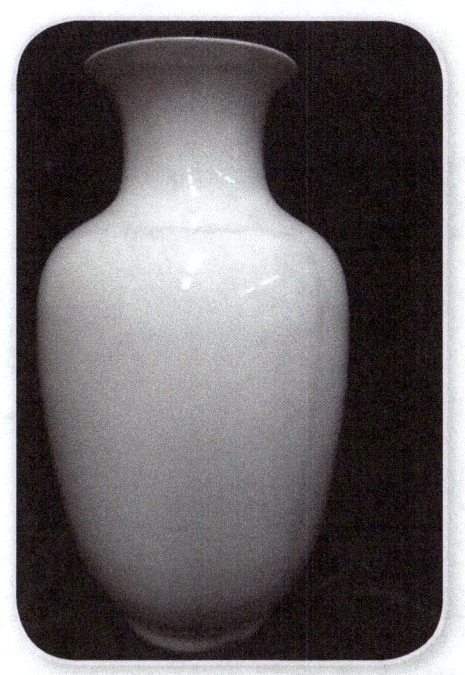

图 6-1　冬瓜瓶上作画的位置

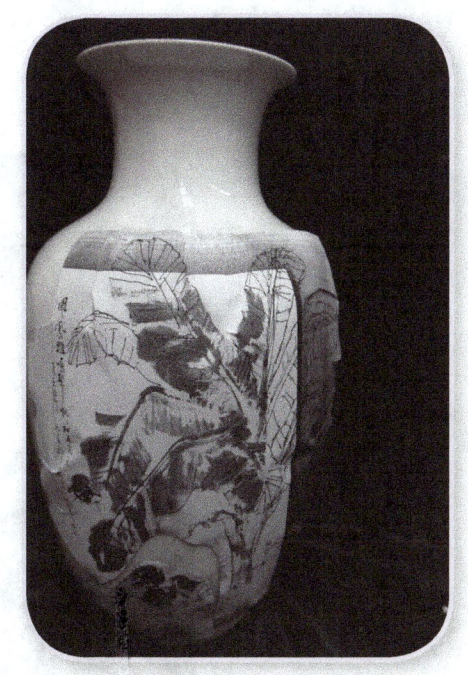

图 6-2　拓印画稿

（二）先从芭蕉的叶着手画

用深绿加黑调成深绿灰画前面的三四片芭蕉叶，笔触间可留些"飞白"，其间还可加几笔暗绿灰（暗绿加少许黑）色。后面的芭蕉叶可用暗绿灰着色，注意芭蕉叶叶尖的朝向应该是放射形的。最后画出芭蕉的茎杆，用暗绿灰勾出小叶和茎。（图6-3）待最后稍干后，用不同深淡的线条勾出叶脉。

（三）画小鸡及蚂蚱

小鸡及蚂蚱是画中的主题，几只小鸡全神贯注地盯住蚂蚱是作品《觅食》的主题思想，所以表现好小鸡的神态很重要。小鸡（黑色）从头部画起，浓墨点涂头顶，然后用海绵笔轻轻点氲，过渡到深灰至颈部，再从肩、背部点涂深黑色，用海绵笔轻轻点氲，过渡到灰至翅部（尾部）。然后用深笔画几根小小的飞羽，在头部下用深笔点一点眼，勾出嘴再用浓墨画出腹部、尾部、腿部，稍作

瓷绘工艺——异形瓷器瓷绘技法

点丑后，接着腿部后下方画深墨的脚和爪。在另一侧只看到一只爪（用淡墨色）。（图6-4）

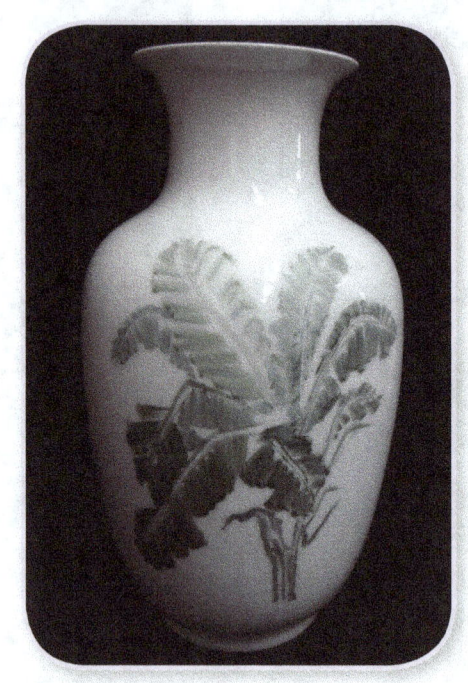

图6-3　画好的芭蕉叶

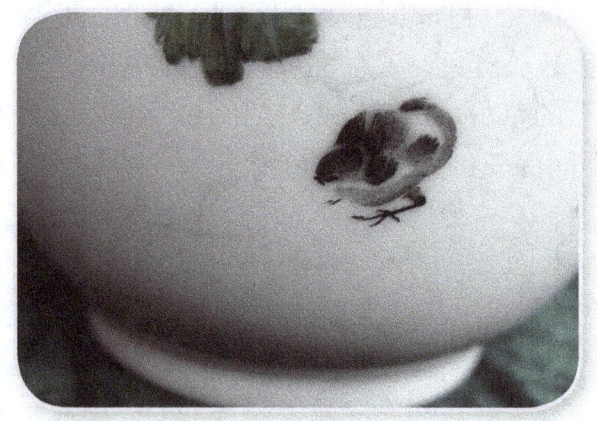

图6-4　画出黑色小鸡

以同样的方法和深淡画出另两只黑色小鸡。(图6-5)

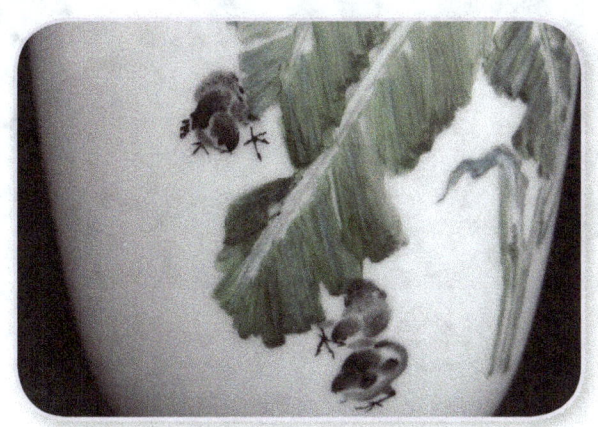

图6-5　再画两只黑色小鸡

再用浓黄色和赭色画一只黄色小鸡,然后在左侧黑色小鸡左后方画一只跑过来的黄色小鸡。(图6-6)

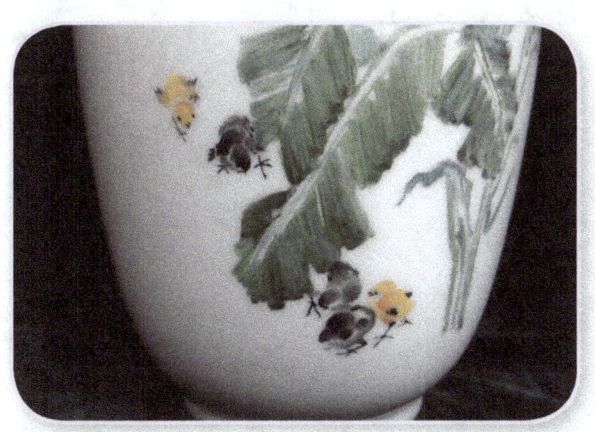

图6-6　在左侧黑色小鸡左后方画一只黄色小鸡

最后用暗绿色画蚂蚱,在头部暗绿色上加一笔黑色,挑出两根触须,用细笔灰暗绿色画出六只脚。(图6-7)

瓷绘工艺——异形瓷器瓷绘技法

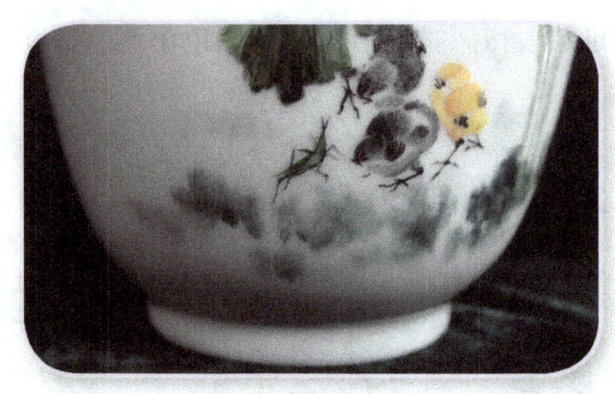

图 6-7　在前面一只黑小鸡对面画一只蚂蚱

三、标题、落款

在花瓶画面的背后落标题《觅食》，并在标题左边中间偏上的位置书写"团团凤雏，鸣声啾啾，相互觅食，其乐悠悠"，再用小于标题的字落款：×年×月××画。

练一练：在类似冬瓜瓶等大型花瓶上画上自己喜爱的花鸟作品。

第七讲　皮灯的瓷绘技法（一）

一、皮灯简介

皮灯是用瓷材制成的灯罩，属异形瓷器中的一个品种，是一种既实用又具装饰和观赏性的工艺品。皮灯有柱形、腰鼓形、球形、八角形等不同造型。根据皮灯的不同造型，选择适合不同造型的花鸟、山水、人物给予装饰。

皮灯因为是照明用的灯罩，所以它是一种材质很薄的薄胎瓷，当开启皮灯时光线透过薄胎表面的装饰会营造出一种亲和雅致的氛围，十分赏心悦目，给人一种很好的视觉和心灵享受。（图7-1）

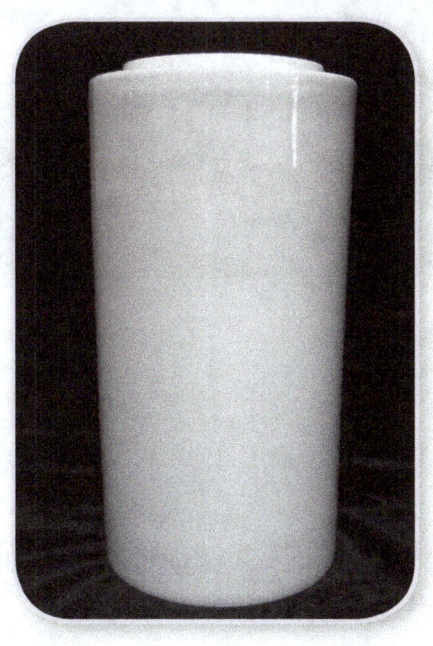

图7-1　白胎的皮灯

二、圆柱形皮灯的瓷绘技法

（一）选材

圆柱形皮灯是一种高大的柱形皮灯，所以它十分适合站立人物的装饰纹样。这样可以充分利用圆柱形的表面空间。

（二）画材的固定

不像画盆和板那样放在桌面上不会移动，圆柱体在桌面上会滚动，因此固定柱形皮灯是画好装饰的必要条件。可找一只长方形皮鞋盒子，将一面中间剪去一块弧形缺口，使柱形皮灯口正好可搁在上面，柱形底放在盒底，形成一斜面，周围用泡沫塑料或毛巾、旧布等软质材料垫紧，不让皮灯移动。（图7-2）只要能固定好画材，用什么方法和形式，可各取所需。

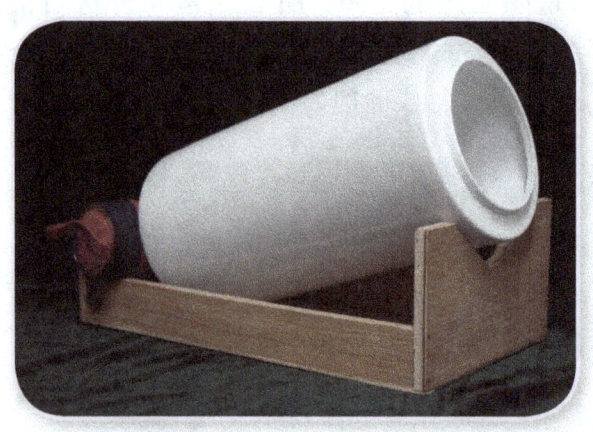

图7-2 皮灯固定稳妥

皮灯固定好后，画材的表面位置提高了，枕手可能使不上劲，准备几本书，垫在执笔的手腕（小臂）下方，以自己适宜为准。

（三）读画

以《何仙姑》为样片。认真仔细地观察何仙姑的姿态、服饰、道具、背景，并考虑好表现的技法。（图7-3）

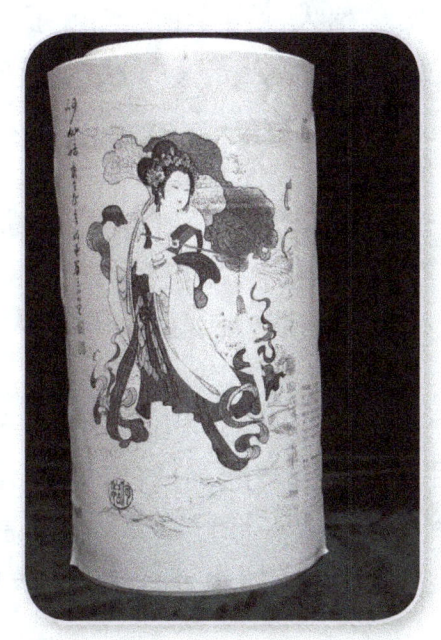

图7-3　图稿

关于八仙的传说。"八仙"乃古代神话传说中的八位神仙。原有好几种说法。散见于唐、宋、元、明的文人记载,至明代《八仙出处东游记传》,才将八仙定型化。传说他们是由人学道而成仙的,每人都各有一套本领,故有"八仙过海各显神通"之说。八仙的名字是:铁拐李、汉钟离、张果老、何仙姑、蓝采和、吕洞宾、韩湘子、曹国舅。(此外,还有上、下八仙及暗八仙之说。)

铁拐李为八仙之首。传说他姓李名玄,学道于太上老君。得道之后,灵魂可以离开躯体而神游。有一次神游时,其肉体误被徒弟火化,神游回来无所依归,便附一饿死者的尸身而起,形象就变成了蓬头垢面、袒腹跛足的行乞者模样;并用原来饿死者倚身的竹杖点化为铁拐,由此就称他为"铁拐李"。他状似古怪,随身背一葫芦,神通广大,特别具有喜剧色彩。

汉钟离又名钟离权，原为汉朝大将。因受铁拐李的点化，不贪图人间富贵，三次辞驾入深山学道，炼就了一把温凉扇能扇地摇天，下山后又飞剑斩虎，点金济众，最后升天成仙。八仙中持扇的道人即为汉钟离。

蓝采和，真姓无考。传说他常穿破旧蓝衫，一脚跣（xiǎn）露，一脚着靴，手持大拍板行乞于闹市，乘醉而歌，周游天下。后在濠梁酒楼，闻空中有笙箫之音，忽然升空而去。他一心苦修行，历尽艰难，持八块云玉板挨门唱喊，唯此宝神通广大，变化无边，八仙图中他手持横笛。

张果老，传说中的八仙之一。相传久隐中条山，往来汾晋间，唐武则天时已数百岁。则天曾欲召见之，即佯死。后人复见其居恒中山中。他常倒骑小黑驴，日行数万里，休息时将驴折叠藏于巾箱，曾被唐玄宗召至京师，演出种种法术，授以银青光禄大夫，赐号通玄先生。

何仙姑，八仙中唯一女仙。相传是唐广州增城女子，住云母溪，十四五岁时食云母粉成仙。也有说她年轻时，别父母，绝婚配，心刚意坚，遇铁拐李、蓝采和的点化，即行动如飞遂成仙，炼一把竹笊篱，水火不沾。

吕洞宾，名岩，号纯阳子。相传为京兆（今西安）人，因考进士不中，遂浪游江湖，遇汉钟离授以丹诀，时年64岁。曾隐居终南山修道，后云游成仙。他的成仙故事很多，如"江淮斩蛟""岳阳弄鹤""客店醉酒"等。元代封为"纯阳演政警化孚佑帝君"。道教全尊道尊为北五祖之一，通称吕祖。又传为道教八仙之一。

韩湘子，传说中的八仙之一。相传是韩愈族侄，性情狂放，年轻时弃家从吕洞宾学道，成仙后用空樽（zūn）能造酒，聚地能开花。曾在初冬时节于数日内令牡丹花开数色，每朵又有诗一联，韩愈大为惊异。持一个花篮，内藏奇宝无数，法力无边。

曹国舅，传说中的八仙之一。本为一朝国舅，因其弟仗势作恶，恐受牵连，遂散财济贫，入山修道。后由汉钟离、吕洞宾引入仙班，炼一支七洞箫吹动乾坤。

三、《何仙姑》瓷绘步骤——勾勒（一）

（一）定位

1. 在圆柱形皮灯任一侧用何仙姑头长（含发髻）为一单位，全身约五个单位不到一些，点上定位点（最下面一点约为皮灯的五分之四），皮灯上方少留些（约2厘米），下方多留些（约2~3厘米）。

2. 若用拓印法画轮廓，则将画稿缩小或放大至与圆柱形皮灯相适应的大小，用拓印法描出轮廓铅笔稿。（图7-4）

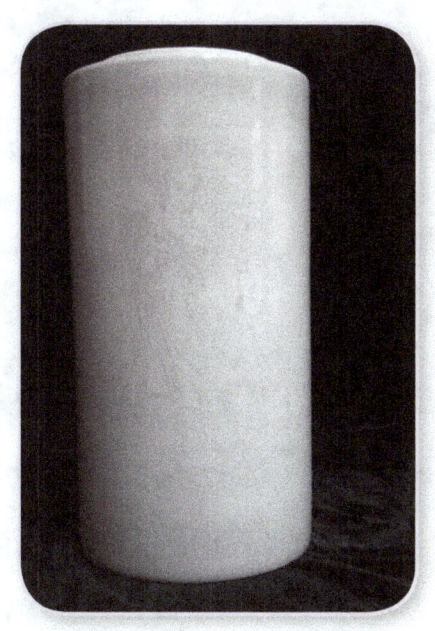

图 7-4　拓印铅笔稿

（二）头部线描

1. 何仙姑头部呈向右侧约三分之一且稍稍向下视，鼻及脸庞轮廓线较淡，眼可较深，眉较眼线稍淡，勾线时注意三庭位置不变。眉线、眼线、鼻底线及唇线全部左高右低，呈平行的斜线，并注意左侧的五官偏长，右侧的短（眉右侧约为左侧的四分之一左右，眼约是左侧的一半左右，嘴约是左半边的一半左右）。（图7-5）

2. 何仙姑的头发、发际部分（和额头相接的部分称发际部分），此处的头发应处理得虚一点，宜淡不宜深，然后勾出一根根发丝（较深的墨色），鬓角也用同样方法处理出不同深浅的发丝。（图7-6）

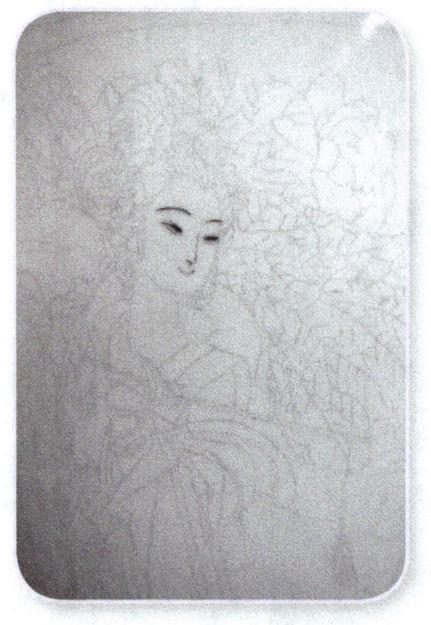 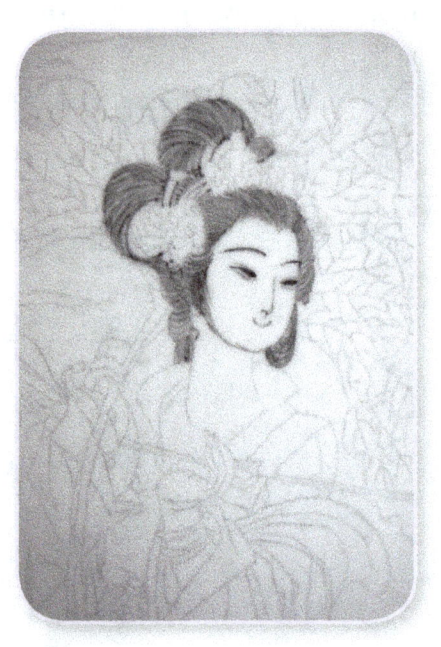

图7-5　头部五官线描　　　　　图7-6　头发的线描

3. 头饰用较淡的线条勾勒出不同造型的花、珠等饰物。（图7-7）

4. 发髻、颈部及衣领、马夹的线描。发髻用深线条勾勒，它的外沿须看出根根发丝，内里以深灰染没。颈部、内衣领用淡笔勾出流畅的线条，紧靠在边上的马夹线条则用深而细的线条画出。这样深淡交替十分清晰。（图7-8）

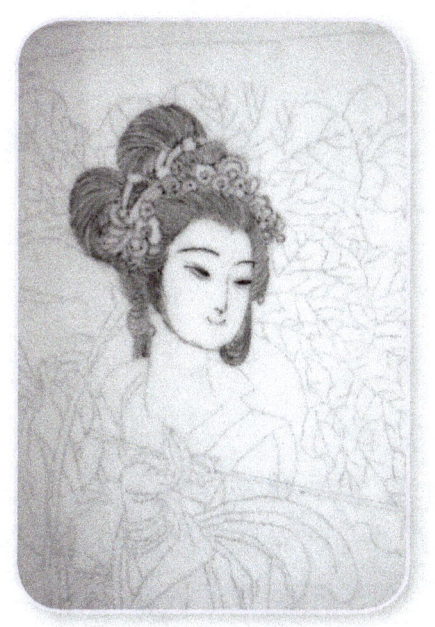
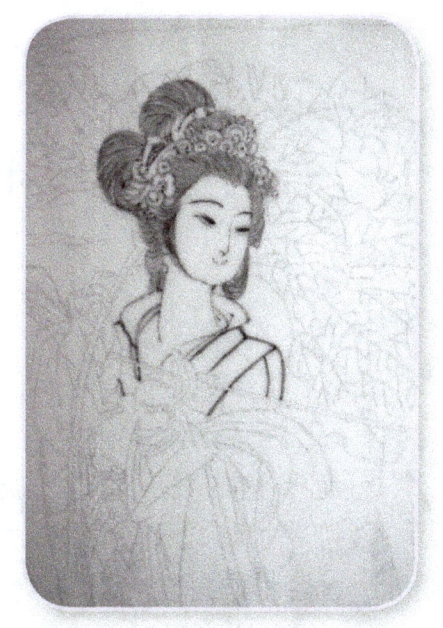

图 7-7　头饰的线描　　　　图 7-8　颈部及马夹的线描

练一练：在圆柱形的皮灯上画上"何仙姑"的头部、颈部及马夹。

第八讲　皮灯的瓷绘技法（二）

《何仙姑》的瓷绘步骤——勾勒（二）

（一）手、袖、荷叶、荷花的线描

任何事物的发展都必须循序渐进，绘画也一样，画好头部以后，紧接着画与之相连的肩、背、胸、手，这样有了比照的对象和标准，就容易画好。

1. 双手的线描

左边的手紧接着左肩马夹，用稍淡的线条画出，左边右手的食指比头部下巴略高一点，依次画出中指、无名指、小拇指和手掌，再以更淡的墨色画出衣袖，用深墨画出两根荷叶荷花的茎柄。（图8-1）

再画右边的左手，同样用稍淡的墨色画出，左手的无名指最高点在颈部左边轮廓线底部右侧下方二三毫米处，依次画出小拇指、中指、食指和露出衣袖的手臂与手镯，再用更淡的墨色画出衣袖，并用较深的细线条双勾出拿在左手里的拂尘柄。（图8-2）

2. 画荷叶、荷花

用较深的线条勾画出荷叶的造型，用稍淡的线条画出荷叶的叶脉，再以更淡的线条勾画出荷花的花瓣、花蕊及莲蓬。（图8-3）

第八讲
皮灯的瓷绘技法（二）

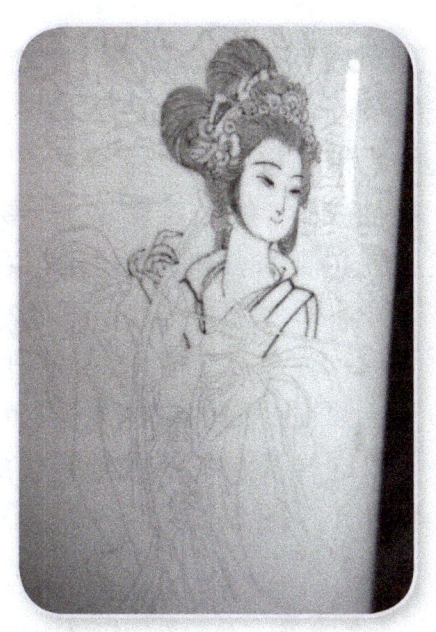

图 8-1　右手线描

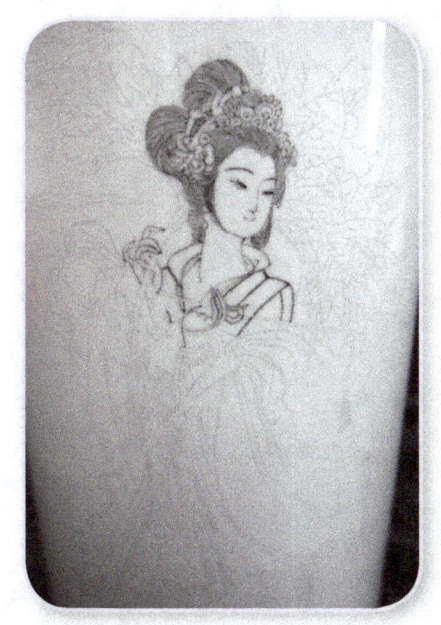

图 8-2　左手线描

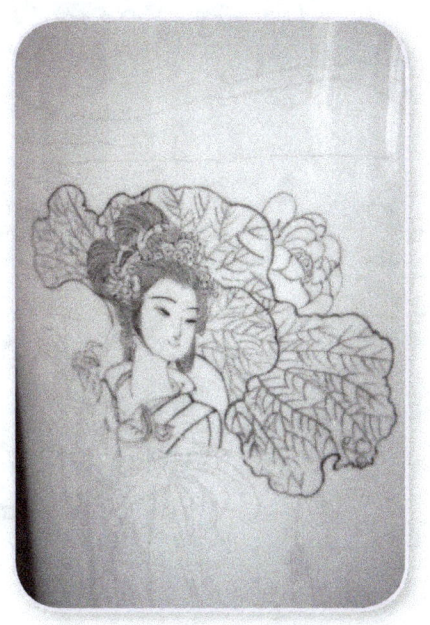

图 8-3　荷叶、荷花的线描

（二）外衣、腰带、裙子、拂尘等线描

在画的过程中，要不断比较，多找几个比较点，这样就容易画准确。用稍粗的灰线条画外衣。先从右侧马夹内画上臂，再用深笔画出挽在手臂上的飘带。接下去继续画外衣袖，注意要与上臂线条相贯通。由于衣袖较长，线条难度增加，要慢慢运笔画出十分流畅的线条。然后画左侧的衣袖，同样用与右侧相同稍粗的灰线条画，以很淡的灰线条画白色的裙腰，深笔勾出腰间的带子及露出的一截飘带。（图8-4）在腰带后用灰线条画出叶状饰物，再以较细的灰线条勾画出罩在外面的红色罩裙，最后用淡笔勾画出衬裙的淡灰色线条。以同样淡灰的线条画拂尘的长毛，拂尘的底托则用稍深的细线条画出。（图8-5）

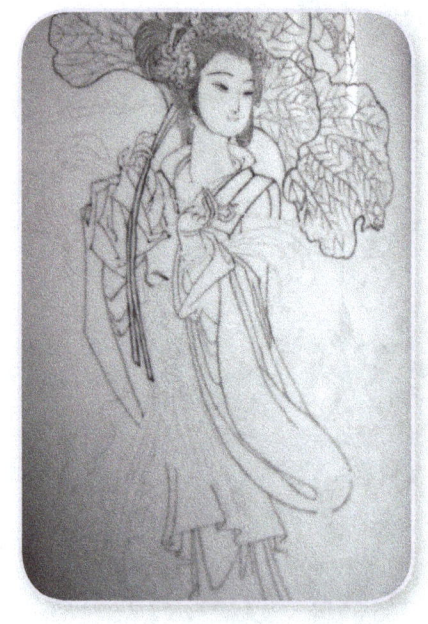
图8-4 服饰的线描

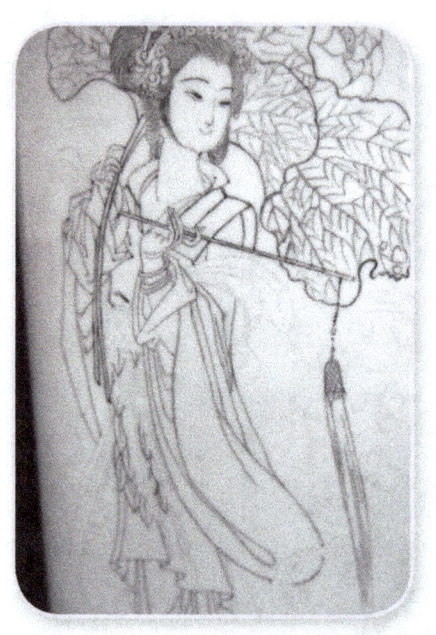
图8-5 饰物及拂尘

练一练：继续画好何仙姑的双手、外衣、腰带、裙子及拂尘、荷花、荷叶等。

第九讲　皮灯的瓷绘技法（三）

《何仙姑》的瓷绘步骤——勾勒（三）

（一）飘带及背景的勾勒

1. 飘带的画法

由于整个服饰中用的都是灰色及淡灰的线条，所以腰带须用深色线条以相互衬托。（图9-1）左边手臂外的飘带最高处与食指差不多一样高，飘带最左边大约离衣袖1厘米多，下沿约在外衣袖下方转折处上不到1厘米处相接。接着画出左边穿过衣袖下飘在左下侧的带子，同样用较深的线条画。因为线条长，要流畅，一定要慢运笔，让它要有飘舞的动感，注意飘带正反两面的衔接。再画右下侧的飘带，以左侧相同的较深的线条画出动感强烈的飘带，正反面要交代清楚。最后画出拂尘右后方的飘带。（图9-2）

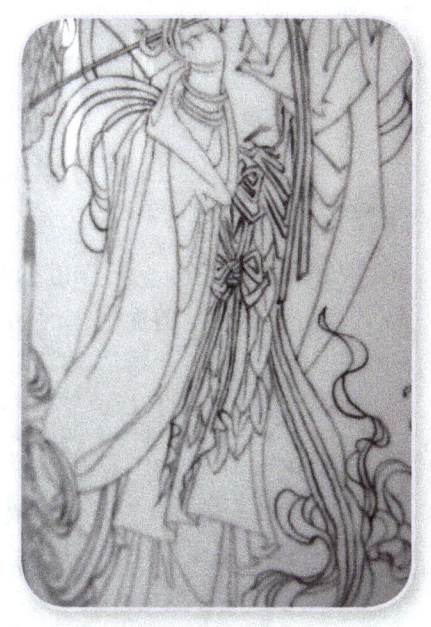

图9-1　服饰上的腰带线描

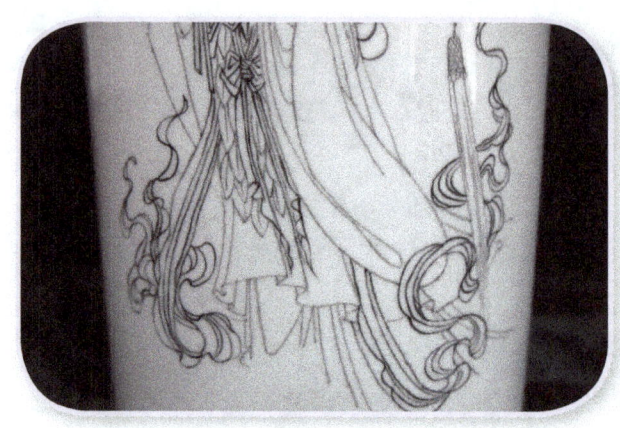

图 9-2　飘动的飘带线描

2. 水波的画法

先用淡笔细心地勾画出何仙姑脚前翻起的浪花。前面的水波，一直要画到皮灯的边缘。（图9-3）再画右边的水波及浪花，也同样要添加到边。左边的水花也要作添加，一直画到皮灯的边缘。最后用更淡的线条画出远处的云雾及水波。（图9-4）

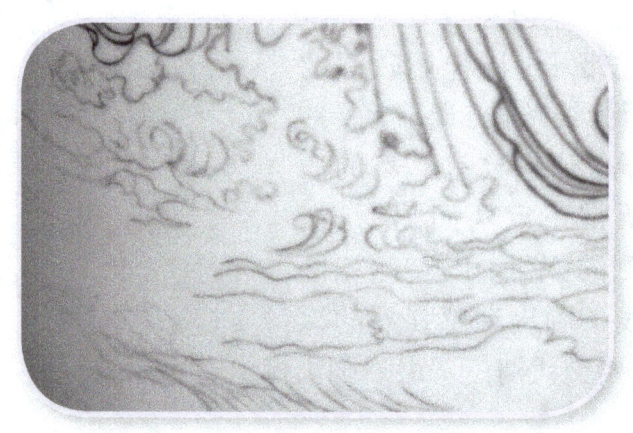

图 9-3　脚下的水波线描

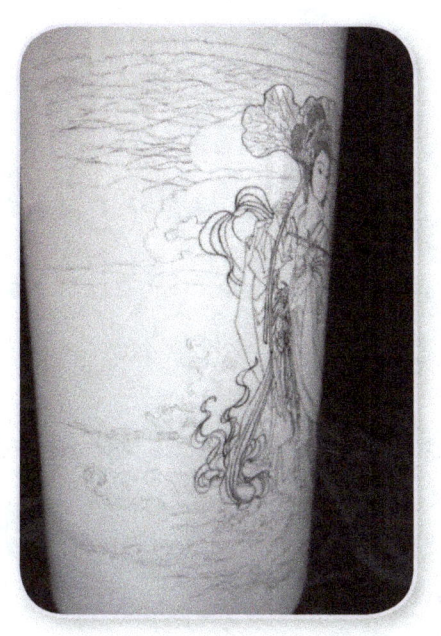 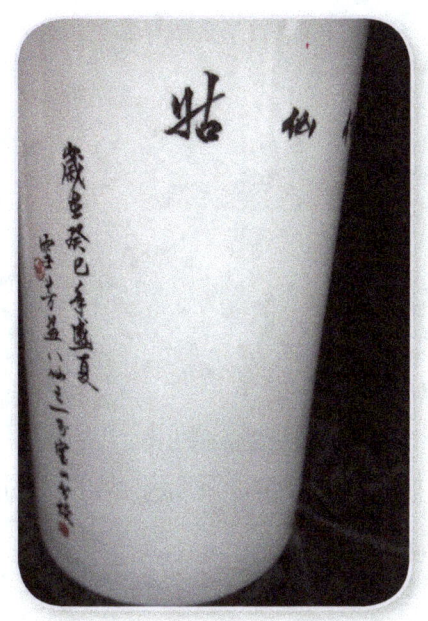

图 9-4　左、右及后面的水波及云雾　　图 9-5　标题、落款

（二）标题及落款

标题"何仙姑"可标在皮灯反面离上沿约三分之一处，自右至左书写，字迹稍大。落款可根据空间大小落穷款或全款。穷款只写：癸巳××画，全款则：×年×月×日××画于×地×处等。可垂直书写。（图9-5）

练一练：画出《何仙姑》的背景、道具、标题、落款，完成整幅作品。

第十讲　皮灯的瓷绘技法（四）

一、读画

仔细观察、判断出所需用的全部颜色的色相，以及采用什么技法以达到画面所呈现的视觉效果。

二、《何仙姑》瓷绘步骤——着色

着色时必须确认画面已经干透；颜料的色相接近画稿即可（绝对相同的颜色不可能调出来）；如果画稿上色彩视觉效果差，可以改成自己认为效果好的颜色，不要盲从。

（一）人物脸部先着色

用西赤色在眼睑和脸部点涂，然后用小号彩笔轻轻点氕，眼睑点氕出中间淡，两侧过渡至稍深，使其产生眼睛中间凸起的效果；脸部点氕成中间较深，逐步向四周淡去，一直过渡至周围皮肤的颜色。其他如额头、鼻子、颈项等处的皮肤，只要稍稍点涂些西赤色，用彩笔揩去，所有皮肤部位彩笔揩到就行了。（图 10-1）有一点必须提醒，西赤色加温后一般都会退掉些色度，所以着色时可有意识地稍微加深些。

（二）头饰、嘴唇、耳坠、拂尘，凡有红色的部分同时着色（图 10-2）

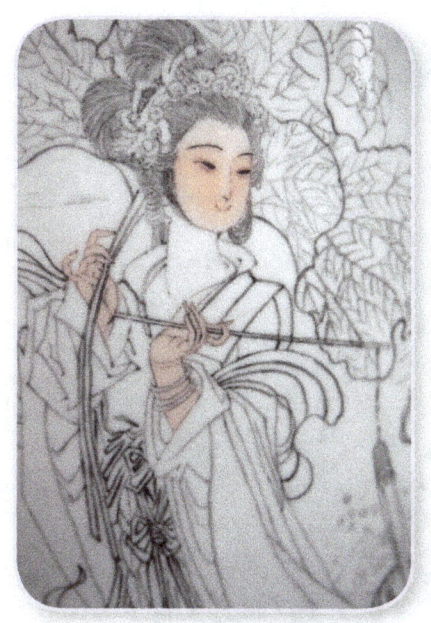

图 10-1　何仙姑脸部着色

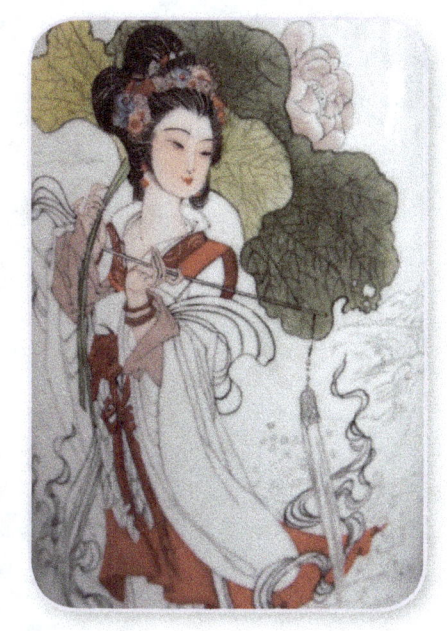

图 10-2　头饰、嘴唇、耳坠、拂尘的红色部分同时着色

（三）马夹、裙子及腰带可用深赤点涂

下垂的腰带深赤中加甲赤，以区别大面积裙子的深赤色。马夹及裙子里子深赤加少许黑色调后点涂（图 10-2）

（四）荷花、内衣袖、手镯及头饰中洋红部分点涂，先涂淡粉红，再涂深粉红（图 10-3）

（五）荷叶柄及腰间叶状饰物涂色

荷叶柄及腰间叶状饰物可用暗绿加黑调色后平涂，此前先用暗绿色涂腰间叶状饰物，再用上述色相平涂荷叶正面，在近叶边处用海绵笔揿淡；荷叶的反面则在正面的色彩中加入川绿调匀后平涂，叶柄也用此色点涂。（图 10-4）

瓷绘工艺——异形瓷器瓷绘技法

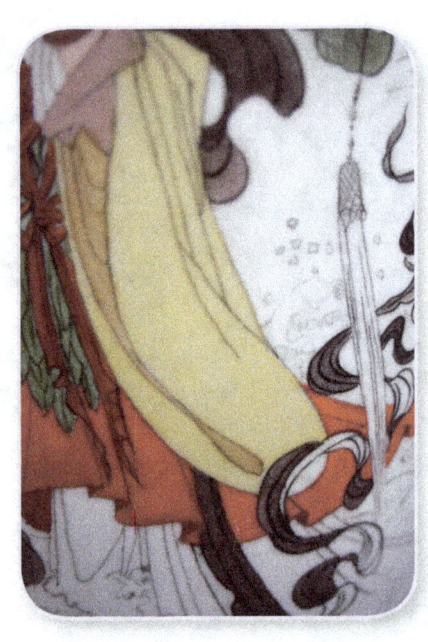

图10-3　荷叶柄及腰间叶状饰物等着色

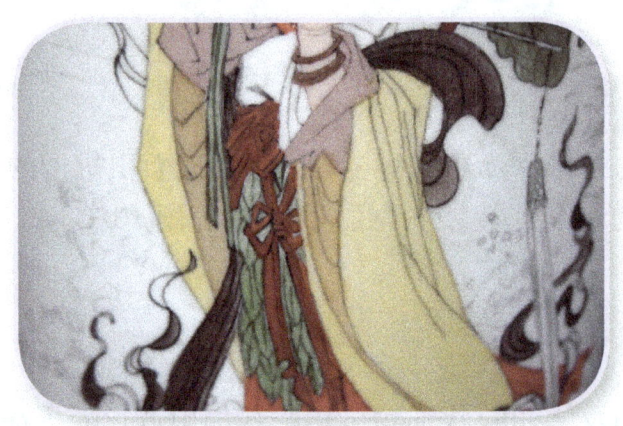

图10-4　荷叶柄及腰间叶状饰物等着色

外衣袖用浓黄色平涂，衣袖里子则在浓黄中加墨调匀成黄灰平涂，荷花中的莲蓬也可用淡的黄灰色涂，外圈的橙色可用浓黄加一点深赤调后点涂。飘带的着色改成紫色，用玛瑙红加海碧调成紫色平涂，反面则用茄色点涂。（图10-5）

水波可用暗绿及天青分别调淡后，近处用暗绿，远处可用天青。云彩可用西赤平涂后揿匀。（图 10-6）至此，作品完成。

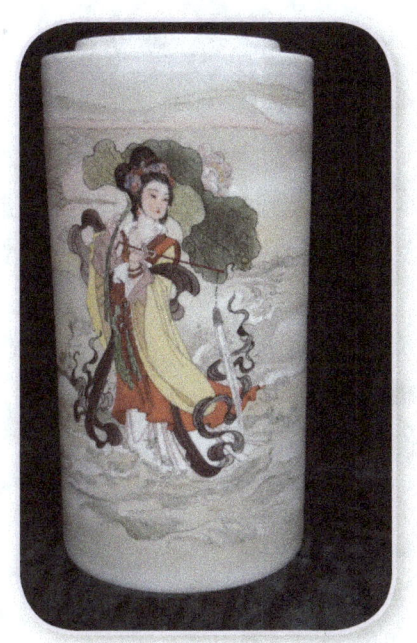
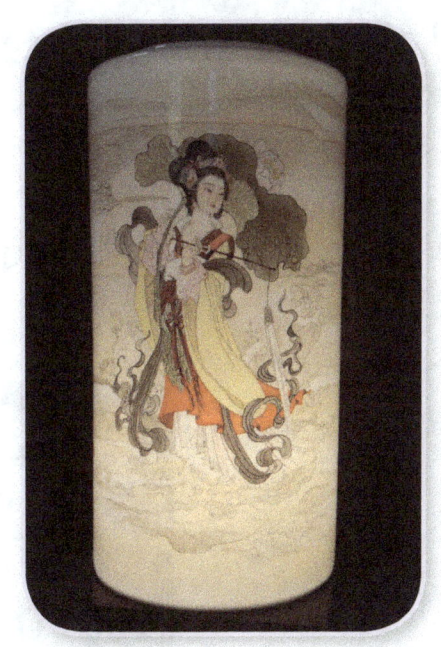

图 10-5　外衣袖、飘带、背景着色　　图 10-6　烧制后的效果

练一练：把《何仙姑》逐一上色直至完成。

瓷绘工艺——异形瓷器瓷绘技法

第十一讲　腰鼓形皮灯的瓷绘技法（一）

腰鼓形皮灯是皮灯中的一种形似腰鼓的灯罩，因中间大肚，所以比相同规格的圆柱形皮灯要大，可以用较大的纹样来装饰。（图 11-1）

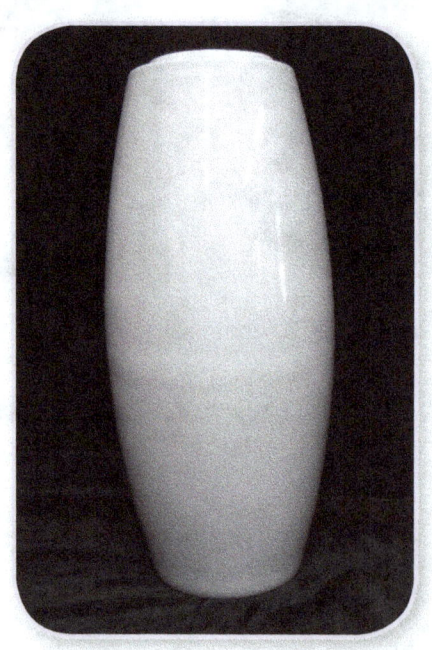

图 11-1　腰鼓形皮灯

南极老人即寿星，亦称"老寿星"。南极老人应寿图，即寿星适应；适合、长寿的意思。

一、读画

（一）认真仔细地观察《南极老人应寿图》

图中共有四个人物，一只大桃，四只仙鹤。其中老寿星是画中主角，他额头高大，个子很矮，银须过腹，身穿古铜色大袍，手持拐杖，驾着祥云，身前三个童子抬着一只硕大的仙桃，也驾着祥云徐徐而来……（图11-2）

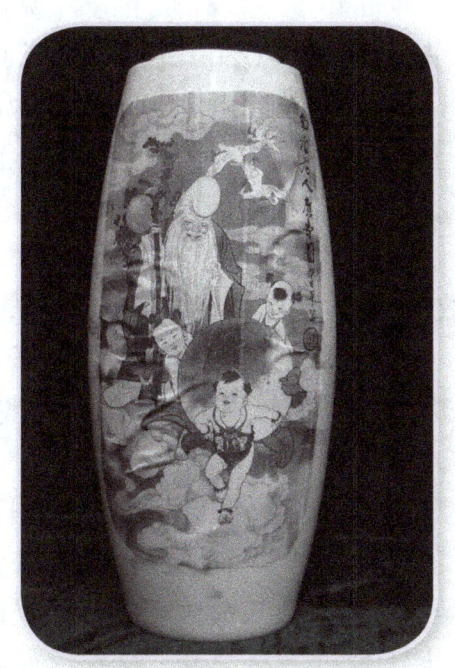

图 11-2　画稿样

（二）关于"寿星"的来历

寿星是神话故事中福、禄、寿三星之一的神仙。

老寿星是古人希望长寿而附会出来的人物。一说为历史上的老子，一说为杜撰的彭祖。

老子姓李名耳，字聃（dān），一字或谥伯阳，楚国苦县仁里人。在周朝时，他已三百多岁，为周朝史官。他生来即满头白发,头顶隆凸,广额大耳,长眉宽鼻,方口厚唇,额刻三五纹理,耳有三个漏门。性情恬(tián)淡无欲,无忧无虑,顺乎自然,反对矫揉造作,主张无为而治,是道家学派的始祖。因其长寿,故称老子。后世有人学其精神,皆外损荣华,内养生寿,避险得福,以他为长寿的偶像,顶礼膜拜。再将他比附为"老人星",老人星又名"寿星",所以称他为"老寿星"。祝人长寿,也称之为"老寿星"。

彭祖故事见《神仙传》或《列仙传》。说他姓籛(jiān)名铿(kēng),为上古帝王颛顼(zhuānxū)的玄孙。殷末(殷,朝代名,从公元前1324年—公元前1066年,为商朝后期),他已七百六十七岁,但不见衰老。性格喜好恬静,不管世务,不求名誉,不爱装饰;善于养气,专以修身养性为事。殷末曾封他为大夫,但他常称病闲居,不参与政事,也很少外出周游。他有一套运气养生的办法,故能长寿。自言三岁丧母,遭战乱流离西域一百多年,先后娶过四十九个妻,皆相继去世,儿子也死过五十四个。相传他活到八百多岁,还说自己命短。后世常将彭祖作为长寿者的代称,故也算作老寿星。

在传统的中华文化中凡逢十的生日是大生日而且有特殊的雅称。十岁称幼学之年;二十岁称弱冠之年;三十岁称而立之年;四十岁称不惑之年;五十岁称知命之年;六十岁称花甲之年、耳顺之年、杖乡之年;七十岁称古稀之年、悬车之年、杖国之年;八十岁称杖朝之年;九十岁称耄耋之年;百岁称期颐之年。

除此之外,人们为老人祝寿还有"喜寿""米寿""白寿""茶寿"之说。"喜寿"指七十七岁;"米寿"指八十八岁;"白寿"指九十九岁;"茶寿"指一百零八岁。

在给老人祝寿的绘画中常常会画上五只蝙蝠,这是利用谐音表示"五福"。五福表示:一曰寿,二曰富,三曰康宁,四曰攸好德,即谓所好者德,五曰考终命,即谓善终不横夭。

二、《南极老人应寿图》的瓷绘步骤

（一）先从头部开始

画人先画头，于是先确定头部的位置。以寿星头长为标准（头顶至下颌为一个头长），全身仅三个半头长。头顶至画面上沿一个半头长，脚底至画面下沿约两个半头长，这样可在皮灯中间确立几个定位点。

1. 画眼、眉

眼睛的位置约在头部下方四分之一处，眼线是一条左高右低的稍斜的斜线。先画左眼，左眼角高，右眼角低，两眼角高低相差1~2毫米之间。眼角画出鱼尾纹，下眼睑也有鱼尾纹，此时用墨较深。眼珠两侧留出眼白。然后用淡笔轻勾左眼上方的眉毛，眉头处（靠近中间处）低，眉尾处高且眉毛长。然后向右空开约一眼的距离画右眼睛，右眼位置比左眼稍低，而且基本是平的，眼珠两边也须留出稍许眼白。眉毛也用同样的淡笔画出，眉尾的线条要画长。右眼外角处画出鱼尾纹。接着画鼻子，靠近右眼的内角处，画一条鼻梁线，从上至下基本垂直，下方略向左偏，紧跟着画出鼻，左鼻翼稍大，右鼻翼仅看到一段短线，顺手勾出右面颊轮廓。左面颊轮廓略比右面颊高，与眼线平行。（图11-3）

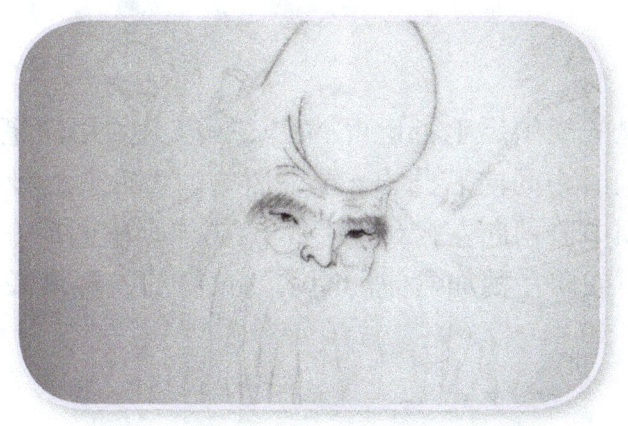

图11-3　寿星的鼻、眼、眉、面颊线描

2. 画嘴

先确定左嘴角的位置。左嘴角的最高点同鼻窦的最低点持平,然后向右略斜下画上唇线至右嘴角,上唇线上方用淡笔轻轻画出些短线,以示嘴唇上的白色短须,上唇下画出一排上牙齿(用淡笔勾出)。再用同样的弧线画下牙齿、下唇线,以及嘴角两边的胡须。(图11-4)

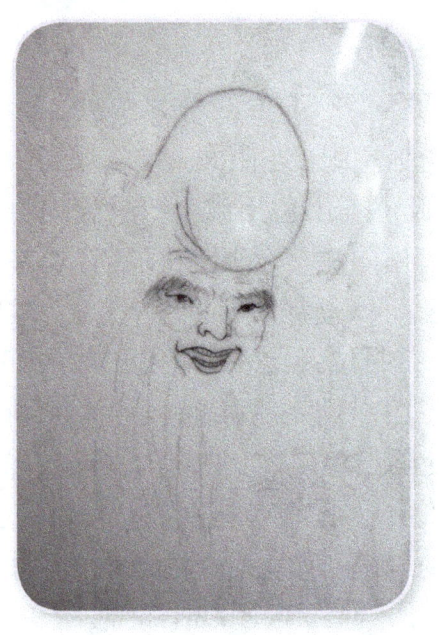

图 11-4　寿星的嘴、牙线描

3. 画胡须

老寿星的胡须眉毛都已经雪白,所以必须用淡笔来勾勒,右侧的胡须画时中间向右凸出,至下唇中时,胡须走势是稍斜向下直勾至胡须中段稍向左抛出。左侧的胡须则中间向左凸出,须稍则自然向下或向左稍加弯曲。胡须的长度约占寿星人长的一半左右。(图11-5)

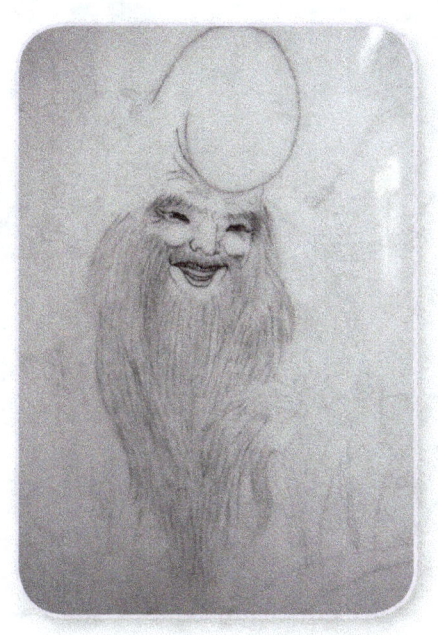

图 11-5　寿星的胡须线描

4. 画头部要掌握特征

寿星头部造型特别有个性，大大的脑门约占整个头长的三分之二。左眼角的左上方的胡须上画出左耳部的上半部（用深笔），再在耳部左右及上方用淡笔勾画出头发的发丝。接着先用淡笔在耳部上方的发丝间，由左下向右上斜向画出头部的弧线，连至右侧成一椭圆状脑门，并且线条从上至下由淡至深，并在眉毛上方添加抬头纹。最后用深笔画出发髻。（图 11-6）

（二）画衣袖及手

连接左边胡须用淡笔细心地画出寿星右手的四根手指及手掌，再用淡笔画出右手上的内衣袖，用深笔从左侧眉毛与头部连接点开始向左下方画出肩、臂的轮廓及衣褶衣袖。（图 11-7）

瓷绘工艺——异形瓷器瓷绘技法

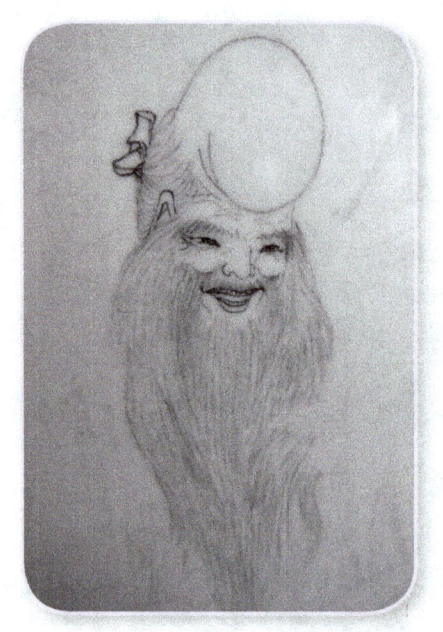 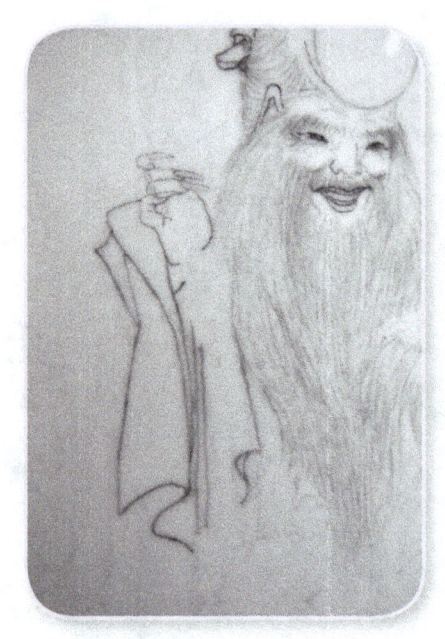

图 11-6　头部、头发、耳朵的线描　　图 11-7　寿星左侧衣袖及手的线描

练一练：画出老寿星的头部、胡须以及右侧的肩、臂、手和衣袖。

第十二讲　腰鼓形皮灯的瓷绘技法（二）

一、读画

认真仔细地观察本讲内所要画的线描部分，做到心中有数。

二、继续勾勒《南极老人应寿图》线描稿

（一）勾画左边的手、内衣袖、袍袖、拐杖及袍鞋等

先用深笔勾画出衣袍领，在与耳廓上沿相齐的头发左边画出衣领及肩部轮廓。用淡笔在同左肩相同高度的合适位置画左侧食指，依次画出中指、无名指、小拇指、手掌外沿轮廓，并用深笔勾画出手持的拐杖。注意把握好拐杖与须发相距的距离，以及表面的节疤等疙瘩。（图12-1）

用淡笔在拐杖两边画出内衣袖。（图12-2）

再用深笔勾画连接衣领的宽大袍袖和袍袖下的袍子，以及衬裤（用淡墨）、鞋子。（图12-3）

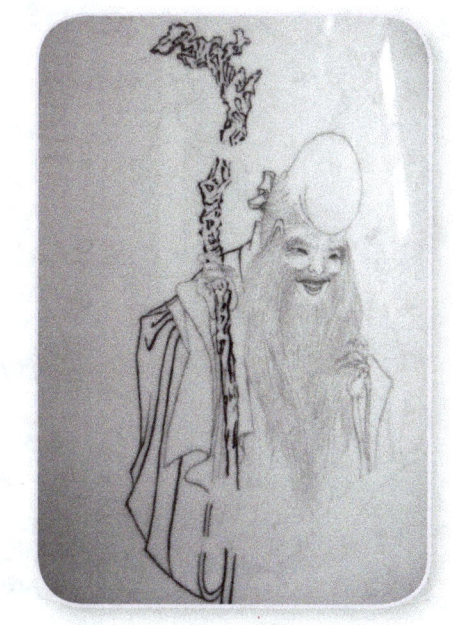

图12-1　左边的手、内衣袖袍袖、拐杖及袍鞋等

瓷绘工艺——异形瓷器瓷绘技法

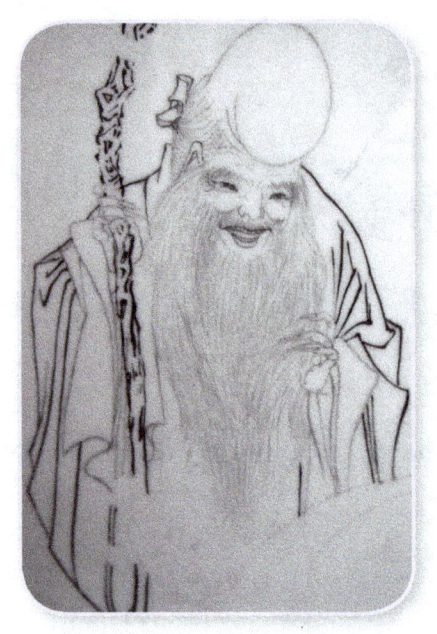
图 12-2　左边拐杖两侧内衣袖

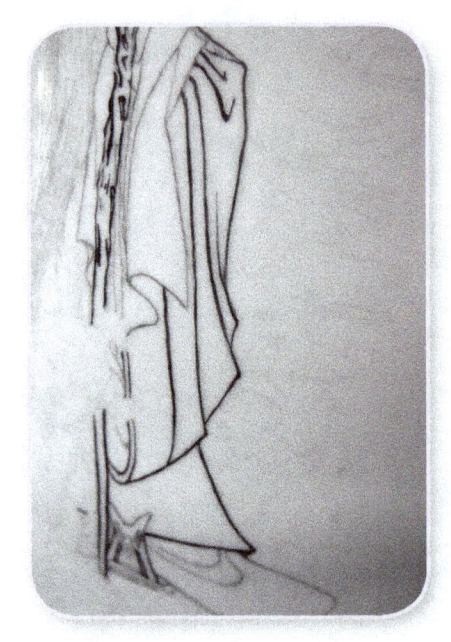
图 12-3　袍袖、袍子、衬裤、鞋子

（二）画出拐杖上系着的葫芦、灵芝及花草（图 12-4）

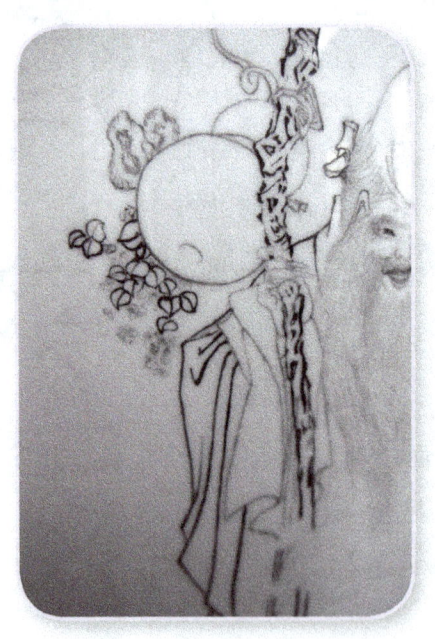
图 12-4　拐杖上系着的葫芦、灵芝及花草

（三）画童子

用淡笔在与拐杖连接处画出童子头部造型，头部约呈 45°角倾斜，上面的发辫在头顶中央连着拐杖下端，右上方的发辫连着中间下垂的白胡须。用淡笔点出左低右高两点眉毛，深笔画眼睛，眼下画条淡线以示下眼睑。中间用淡笔画一小鼻子，鼻下画一微张的小嘴，嘴角上翘。两边在眼和嘴角间的轮廓外画左、右两只耳朵。在右上的耳朵轮廓上沿三分之一处用淡笔勾出肩膀线条；在左下耳根与脸庞交接点用淡笔勾出背部、右手的手臂以及臀部。（图12-5）再用淡笔仔细地勾出桃子的圆形轮廓，用深笔在左边童子的身下、桃子的左下方画出两片桃叶。又在两片桃叶下面用淡笔画出左边童子的双脚。（图12-6）

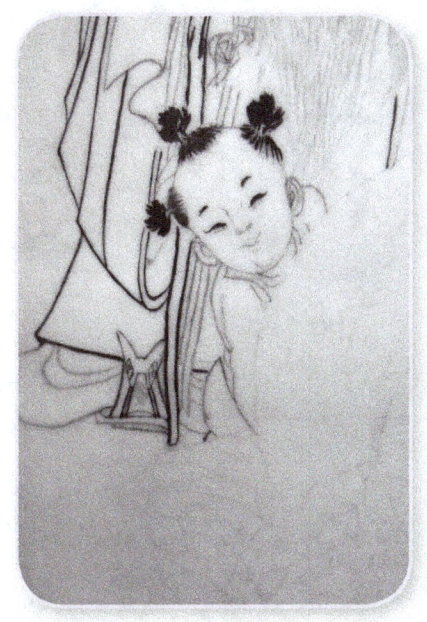

图 12-5　左边童子的线描

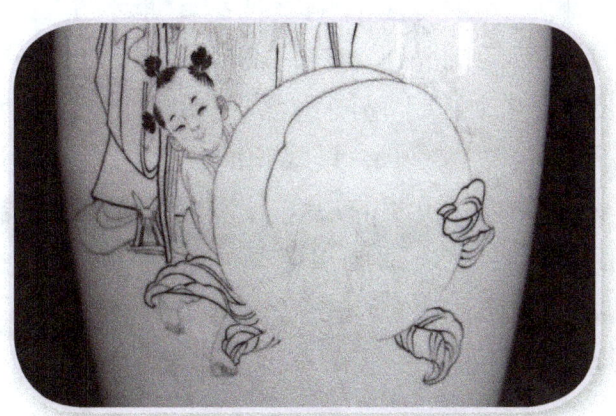

图 12-6　桃子、桃叶及童子的双脚

练一练：完成老寿星的线描勾勒，画出第一个童子及桃子的造型。

第十三讲　腰鼓形皮灯的瓷绘技法（三）

一、读画

认真仔细地观察本讲所要画的不同造型，考虑好线条深淡的用笔，以及两童子与桃子、寿星间的相互关系。

二、继续勾勒《南极老人应寿图》线描稿

（一）右上方童子的线描

1. 画童子二

定位：头部的头顶高度与寿星右侧内衣袖外角同高，而童子的下颌线与桃子的最高处在同一等高线上。下颌距桃子弧线约 3 毫米左右，左侧脸庞距寿星右侧衣袖约 1 厘米左右，勾出头部右上左下上大下小斜向的轮廓。在头部轮廓的下方三分之一不到处画双眼，左眼高，右眼低，是同头部平行的斜线，因为是小孩，所以两眼间的距离较宽（大于一只眼长的长度），上方用淡笔分别画出眉（用更淡的线画出淡淡的短线），左侧眉毛以弧线连着鼻线随即以稍深的线画鼻，在鼻下画出嘴角上翘左高右低的唇线，嘴角处加点。然后画出头发及犄角辫，在额头中央上方画桃子状的桃子头，在头顶部两侧左高右低对称地画出犄角辫。（图 13-1）

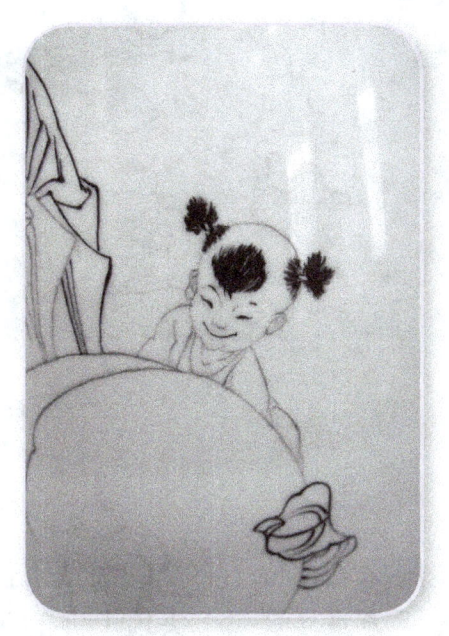

图 13-1　右上方童子的头部造型

2. 画身躯及臀部

先用淡笔从左侧耳根下端画出左侧肩膀及臂部，同桃子轮廓相接，再画出左侧胸部的轮廓线。从左侧嘴角垂直下方下颌线开始垂直向下，用淡笔画出颈线，并在两三毫米处向右转折画一更淡的短线；然后在左侧胸线及颈线之间的中间部位从左侧脸庞下方（约与左侧齿高等高）处用深笔向下画弧线，画出肚兜的颈圈轮廓；最后用淡笔从右侧外眼角正下方右侧脸庞轮廓线向下画出右侧肩膀、手臂及臀部线条。（图 13-2）

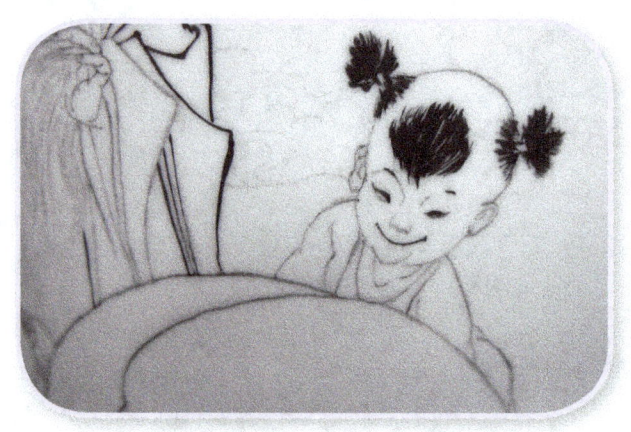

图 13-2　童子的全身

（二）画童子三

1. 画头部

先确定位置。用深笔在桃子右侧中间偏上位置勾勒出桃叶的造型来。随后画出下方童子头部，头顶上方的头发与右侧桃叶最高处等高，用淡笔画出头部的轮廓，左侧脸庞线从额头至脸庞下巴和右侧桃叶下端与桃子轮廓相接点等高，用深笔画出头顶及两侧的三丛头发，边上用淡笔补一笔。再画五官。先用淡笔画两耳，在两侧头部轮廓的下方，左侧耳稍高，右侧耳稍低。双眼在头部中间，用深笔勾出。画前方略向上的眼睛，左侧眼稍高，右侧眼稍低稍宽，左侧外眼角离脸庞约 2 毫米，两眼间约距离一只多眼的空间画右侧的眼睛，两眼略呈左高右低的斜线；上方的眉毛淡而短，眼下加下眼睑线，鼻子用淡笔勾出，因为头抬起，所以眼鼻间距离极短。接着用深笔画嘴的上下唇线、牙齿及上翘的嘴角，用淡笔勾出下巴线。注意所定的五官位置都呈左稍高，右稍低的一根斜线。（图 13-3）

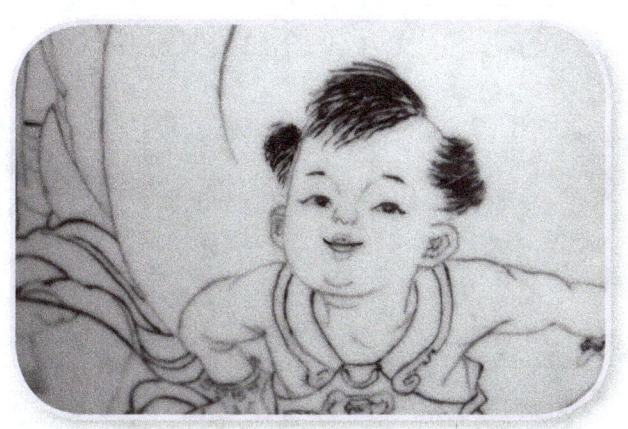

图 13-3　中间下方抬桃童子的头部

2. 用淡笔画两臂

左侧手臂斜向左下，肘部左屈，手托抬着桃子的底部，右侧手臂向右稍下伸出，手托抬着桃子右下方的底部，两手腕上有手镯装饰用深笔画出，连着手臂左、右各画一根胸部轮廓线。（图13-4）

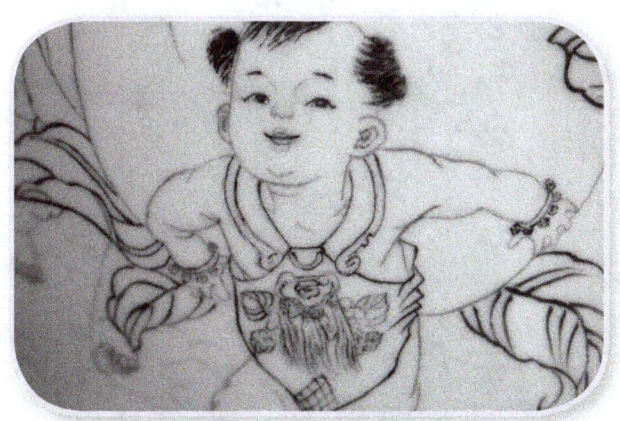

图 13-4　抬着桃子的双手

3. 用稍深的线条画颈脖上的金项圈及金锁片

在下方用淡笔画出三束穗须；用深笔画出胸前的肚兜，上面用淡笔勾出装饰的花、叶及边。（图13-5）

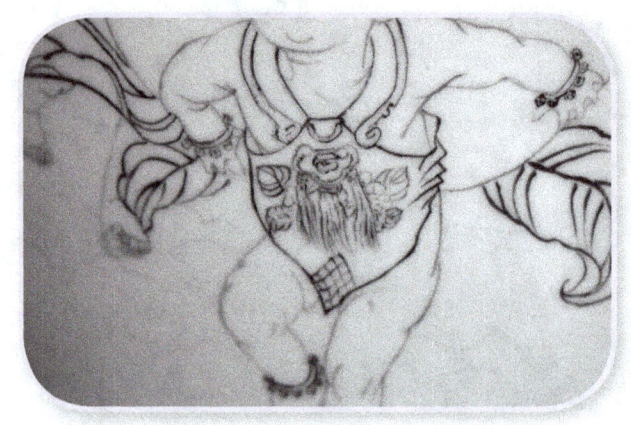

图 13-5　颈脖上的金项圈、肚兜及花饰

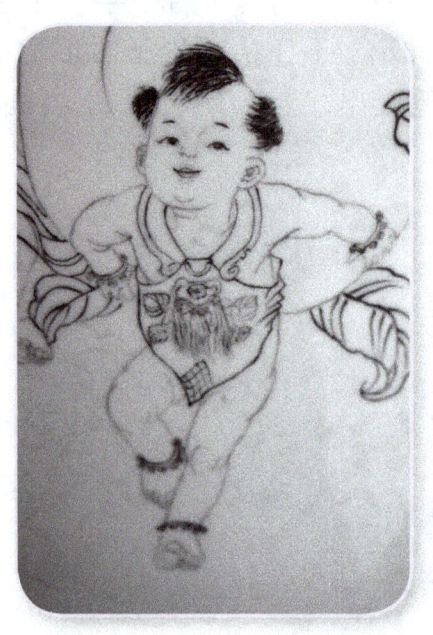

图 13-6　完成后的童子双腿及桃叶

4. 紧接着用较淡的线条画双腿

左侧的大腿向左下前伸,膝盖弯曲,小腿屈向后下方,脚被右侧腿部遮住,右侧的腿伸直向前跨出一步,两脚的脚踝上用深笔画出脚镯。最后在桃子的底部两侧各有一片桃叶用深笔勾出。(图 13-6)

练一练:把抬桃的两个童子分别画出。

第十四讲　腰鼓形皮灯的瓷绘技法（四）

一、读画

读画：认真仔细地观察大小四只仙鹤的造型及不同姿态，以及云彩线条勾勒的特点。如果画瓷盆或圆形瓷板则须把云彩延伸至盆边。

二、《南极老人应寿图》的瓷绘步骤——画太阳、仙鹤

（一）画太阳

寿星背后用硬板纸剪一适当大的圆形放在适当位置上用淡笔沿着圆周仔细画出圆的造型。（图14-1）其间根据图稿空出被遮挡部分。（图14-2）如拓印图稿则无须上述程序。

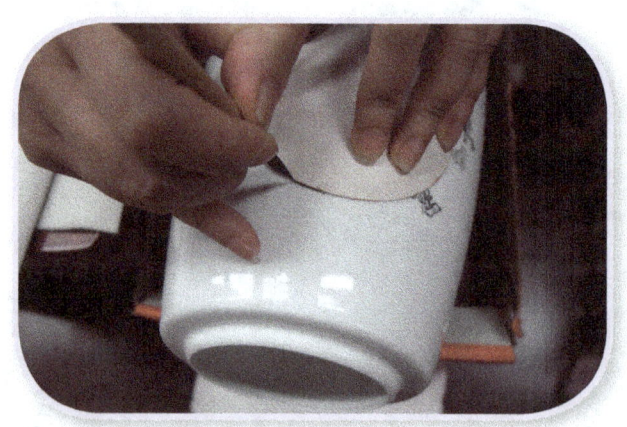

图14-1　用模板画太阳

第十四讲 腰鼓形皮灯的瓷绘技法（四）

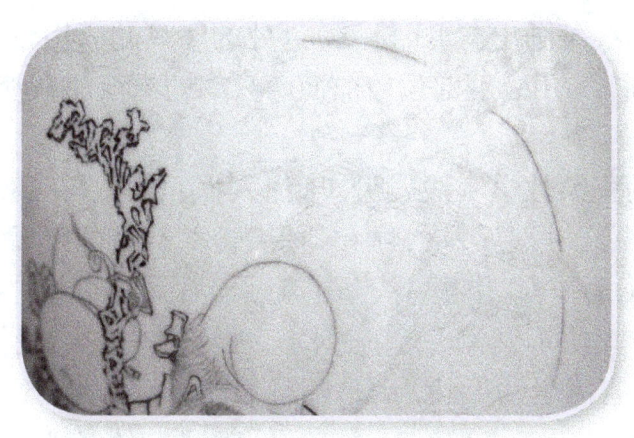

图 14-2　画好的太阳轮廓

（二）画仙鹤

与寿星头部连接的那只鹤先画。寿星头顶中间连着鹤的右翅，用较深墨色先画出右翅右侧的轮廓，然后用淡笔依次画出二层羽毛，再在最外层羽毛用较深墨色画黑羽，接着用淡灰墨色画与右翅连接的身体及尾部、颈部、头部，头部丹顶和颈部右侧用较深的墨色勾，最后勾勒长长的脚，从尾部下方翅膀黑羽上方先画出淡墨勾出的腿，再用稍深的淡墨画出右高左低的斜线，脚趾画成勾状。接着画最前面的鹤，从右翅最高处与先画好的鹤颈部相接，用稍深的墨色先画出右翅上部及右侧的外侧轮廓，再用淡笔勾出二层羽毛，用深笔在第三层画出黑色羽毛，再用淡笔画身体、左翅，颈部，头、嘴和

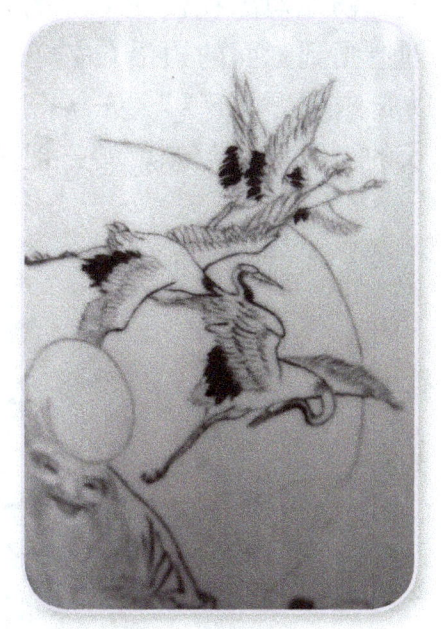

图 14-3　盘旋在寿星右上方的仙鹤

瓷绘工艺——异形瓷器瓷绘技法

脚用较深的线条画出。(图14-3)远处的两只鹤可用较前两只鹤稍淡的线条画,头颈黑羽部位较前面两只鹤的深淡略减淡些即可。

(三)画云彩

长期的瓷绘教学实践表明,即使人物、山水、花鸟及其他东西都画得不错了,可是一接触画云彩都感觉不是画得硬了(有棱有角)就是画得厚了、重了(线条毛糙了、深了)。这主要是线条不流畅,转折太快不圆润,运笔过快等原因造成的。我们所画的云彩,本身没有固定的形状,而是随风移动、不断变化着的,因此必须用很淡的线条来表现它轻柔飘动的感觉,线条必须流畅飘逸,转折必须圆润自然。关键是淡笔必须打好料,飘逸的线条必须运笔较慢,一气呵成,绝不可中间"断气"。

从上部往下画。太阳左上角的云彩先画,从连接拐杖右侧最高处连接云彩的弧线开始,向右画出连续大小不等的七八个弧线,再连接向左直至画好拐杖上部的一片云。连接上面云彩同样用淡笔流畅地勾出拐杖左下侧的云彩,并向左延伸,自己也可作些小创造画到画面的边沿(皮灯造型的一半处)。(图14-4)接着勾画太阳右下方的云彩。先从寿星的右侧肩部起笔向右画出两三个较长的弧线(用淡笔),始终把握好转折时的圆润,画好偏上的一块

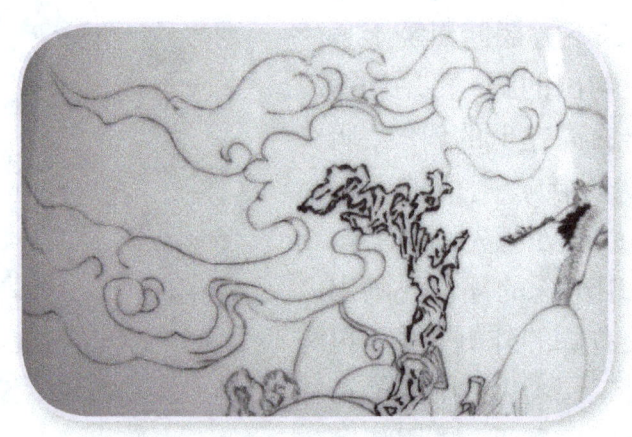

图14-4 太阳左边的云彩

云彩；再从寿星右侧衣袖折角偏上处向右画三四个外向及内向弯曲的弧线与右侧童子的左侧发辫相接。这是上部云彩的轮廓，下边的轮廓一边连着寿星右侧衣袖，另一边连着童子左侧的耳廓下方。然后从太阳右下方偏上云彩的线条端部开始，向右继续连接下去，画出右边飘动的云彩，再从童子右侧发辫下用淡笔向右画出流畅的云彩，并延伸开去，直至另一侧画面的边沿（使两侧边沿占整个皮灯面积的一半）。(图14-5)

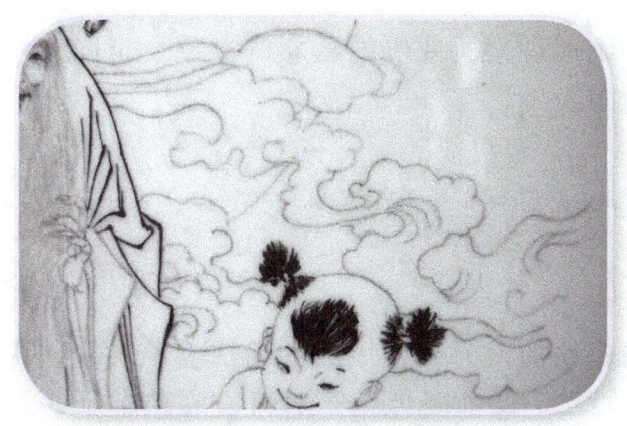

图14-5　太阳右下方的云彩

练一练：画出背景中不同姿态的四只仙鹤并反复练习画出画面上部的云彩。

第十五讲　腰鼓形皮灯的瓷绘技法（五）

一、读画

认真仔细地观察所要画的云彩的造型及走向，考虑好自己添加完整的画面。

二、《南极老人应寿图》的瓷绘步骤——画云彩

（一）着色

先用白瓷粉加上海碧蓝调成的粉浅蓝色，为寿星外衣袍下边着底色，以便在下课前颜色稍干时可在底色上刮些花纹出来，为下堂课着色打下基础。（图15-1）

（二）画云彩

继续上一讲所画的云彩。从左侧中部寿星左侧袍袖下方开始连接上面的云彩，用淡笔勾描出流畅、圆润的云彩。（图15-2）接着继续勾描出寿星脚下及左侧抬桃童子左脚下的云团。（图15-3）紧接着画出左侧抬桃童子右脚下的云团，这些云团弧度大，跨度较小，特别要注意圆润度，而云彩线条较长的则更要注意它的流畅度，一定要慢运笔，细心画来。（图15-4）再以同样流畅的淡线条及跨度大小不一但十分圆润、转折自然的线条，画出前面抬桃童子脚下的云彩，并适当作些添加，以求云彩完整。（图15-5）最后画出桃子右侧的一片云团。由于画面狭长，所以右边的云彩必须作些添加。（图15-6）

第十五讲 腰鼓形皮灯的瓷绘技法（五）

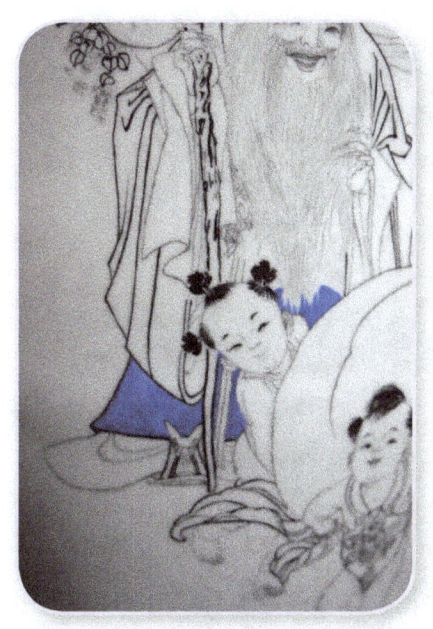

图 15-1　在寿星的袍摆下端平涂粉浅蓝色

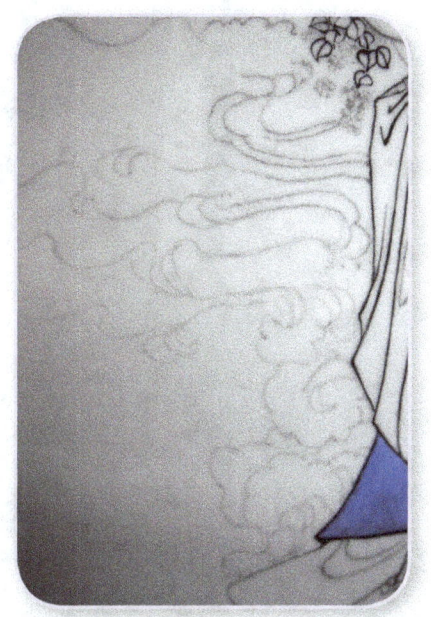

图 15-2　寿星左侧云彩

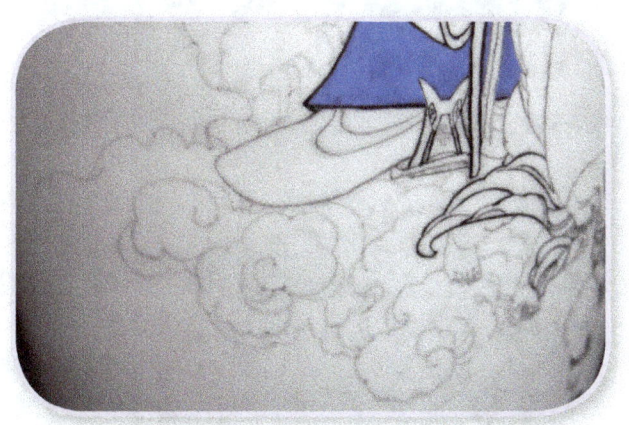

图 15-3　寿星脚下及左侧童子下的云团

瓷绘工艺——异形瓷器瓷绘技法

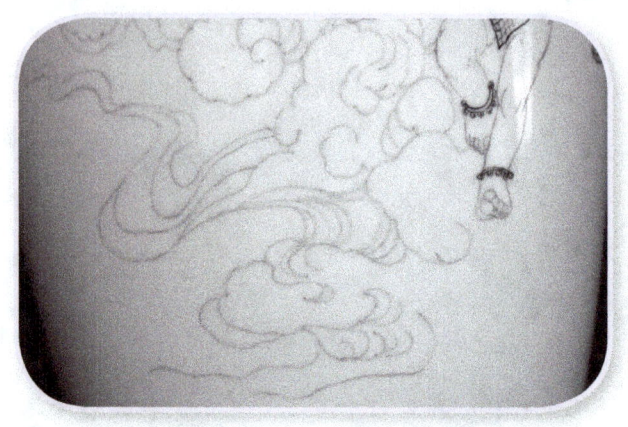

图 15-4　左侧右脚下的云团

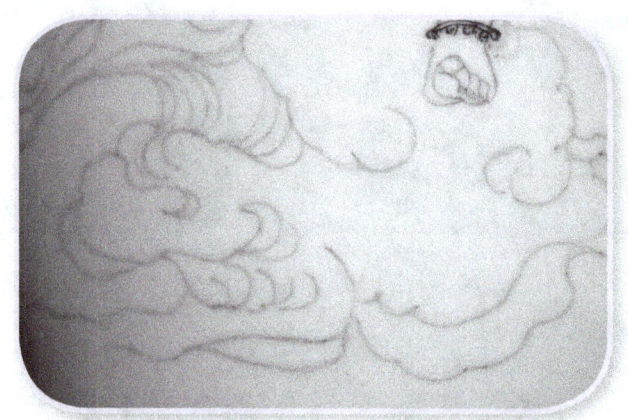

图 15-5　前面童子脚下的云彩

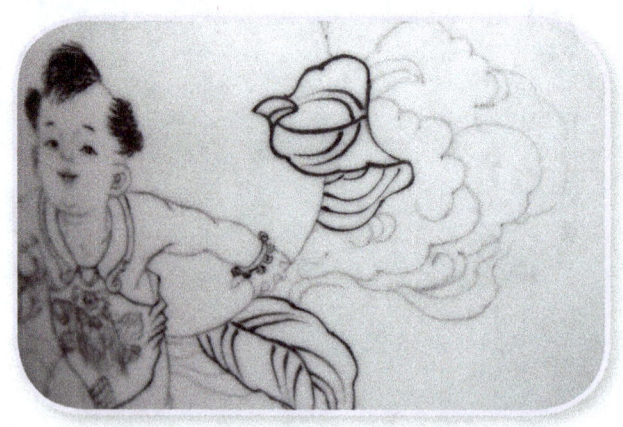

图 15-6　桃子右面的云彩

（三）刮出袍服装饰花纹

在开始上好色的袍服下摆用纸刮，趁未干时先刮一条平行底边的平行线，然后可较随意地在底色上刮出不规则的弧线作为装饰。（图15-7）用小豆茶（多）加黑（少）调出深酱红色，在衣领及袖边画出不规则的圆弧线来。（图15-8）

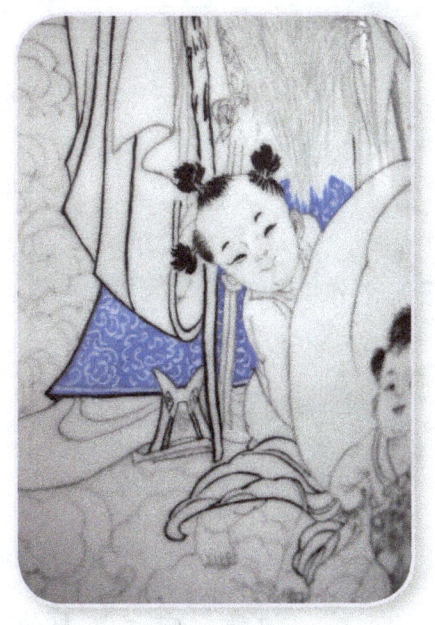

图15-7　刮好的袍摆上的纹样

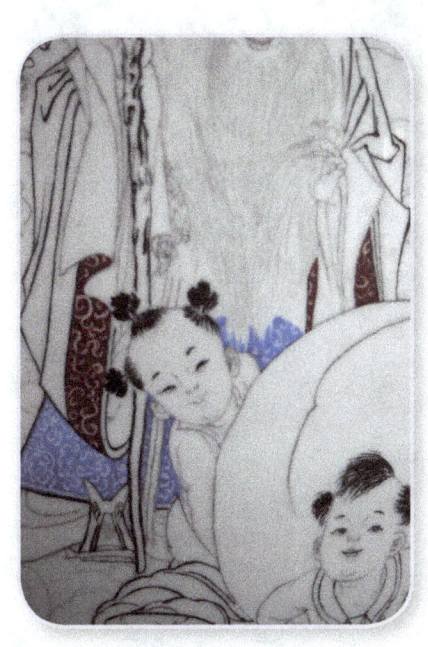

图15-8　用深酱红色画好的衣领及袖边

三、题款、印章

标题可标在皮灯反面离上沿三分之一处，用深笔自右至左写出"南极老人应寿图"字样。标题字可用2.5平方厘米左右大小来写。如是送人祝寿的礼物，那么受赠人的姓名称谓及贺词用小于标题字的字形，但要从高出标题的位置开始垂直书写，如"×××先生（女士）花甲华诞志禧"等字样，或写"父（母）亲大人古稀华诞志禧"等。（图15-9）落款则写在画面左下方适当位置，字体

瓷绘工艺——异形瓷器瓷绘技法

大小同上款大小（要比标题字小），如："癸巳年春月 ×× 日绘赠（敬绘、敬贺）于海上寓所"等字样，若下款较长可分两行书写，一般第二行的字数要多于第一行。（图15-10）

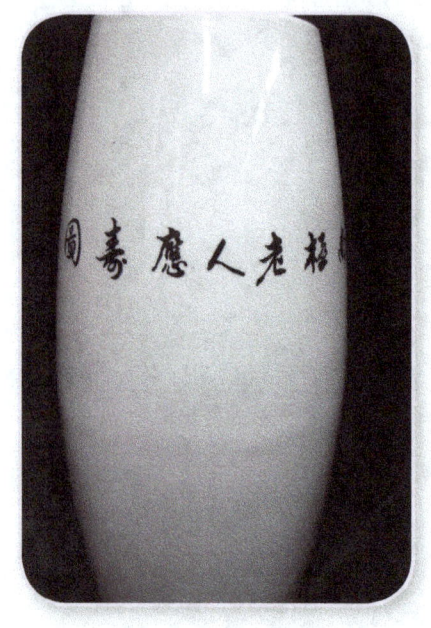
图15-9　标题

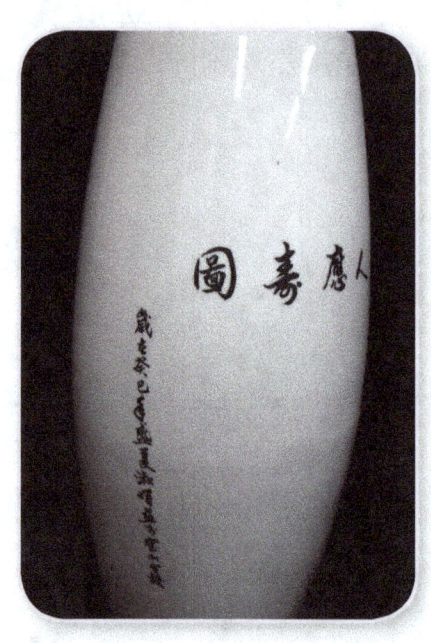
图15-10　落款

练一练：画好云彩，标上标题、落款、印章，完成《南极老人应寿图》的线描稿。

第十六讲　腰鼓形皮灯的瓷绘技法（六）

一、读画

仔细观察、分析、判断出画面各个人物和物体所需颜色的色相。

二、《南极老人应寿图》的瓷绘步骤——着色

（一）人物脸部及肤色着色

1. 寿星的脸部、头部及手的着色

先在脸颊部用西赤点涂，然后用小号彩笔将颜色点乱成中间较深、四周稍淡的视觉效果。凸出的头部在椭圆四周点涂，再用彩笔揩去，呈四周略微深些，中间淡些，鼻子、上下嘴唇及舌用较深的西赤点涂。两手西赤点涂后用彩笔揩拭，手掌颜色略重。（图16-1）

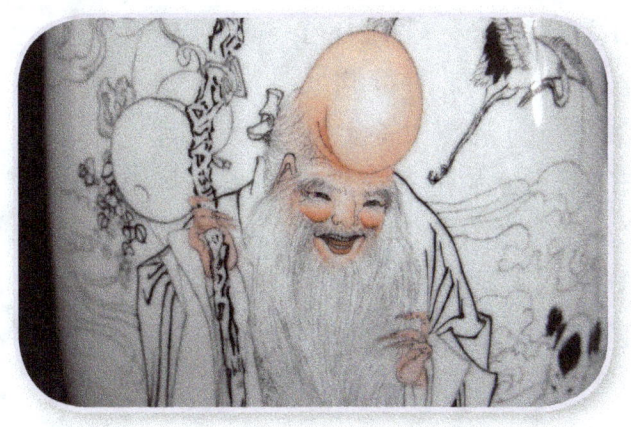

图 16-1　寿星的脸部头部及手部着色

2. 三个童子着色

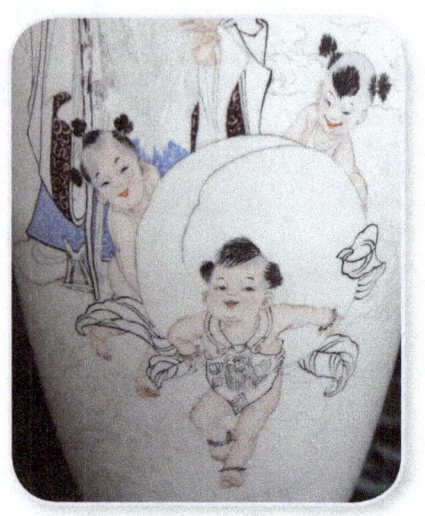

图16-2　三个童子头部及肤色着色

在三个童子的脸颊部及上眼睑点涂西赤，再用彩笔点丑出深淡过渡自然的红晕，用西赤在头部、肩、臂、腿、手两侧点涂西赤，然后用彩笔揩去，留下淡淡的肤色，脚底稍重些。上下唇及舌用较深的西赤点涂。右上方童子的头皮可用浅蓝加黑调得很淡，平涂。（图16-2）

（二）服饰、道具着色

1. 寿星服饰着色

寿星的衣袍服饰用浓黄加黑色（少）加少许西赤调成古铜色平涂；衣领、袍袖纹饰中填深蓝色；脑后的结用天青平涂；袍袖内衬用洋红色平涂；深赤加浓黄调成橙色涂袍边纹样的空隙处（上节课用纸刮去的部分）及袍身；衣带用深赤点涂；鞋头涂浓黄，下方两边用深赤，中间用不同深浅的洋红涂。（图16-3）

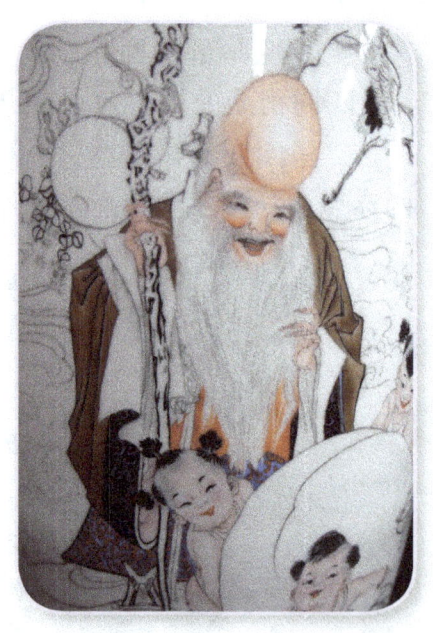

图16-3　寿星的服饰着色

2. 拐杖、葫芦及灵芝等道具着色

拐杖用深赤加黑平涂,有些部位能看出红色;葫芦高光处留白,白色周围浓黄点涂,海绵笔向里过渡至白色,向外用浓黄加深赤,和浓黄色之间过渡得均匀自然;灵芝用西赤点涂;花朵用玛瑙红点涂,叶用深绿平涂即可。(图16-4)

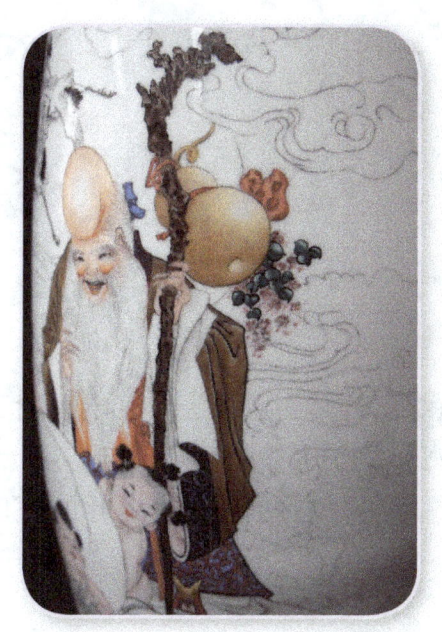

图 16-4　拐杖及道具着色

3. 桃子着色

用洋红(高级桃红)调深后点涂桃子顶部,用海绵笔向下过渡至中部,紧跟在下方用浓黄平涂揿淡并与洋红过渡好,再在桃子最下方点涂一笔川绿,与浓黄过渡好。在顶部的洋红色中央用胭脂片调浓后点涂,并与洋红色过渡均匀,这样桃子色彩就好看了。(图16-5)

瓷绘工艺——异形瓷器瓷绘技法

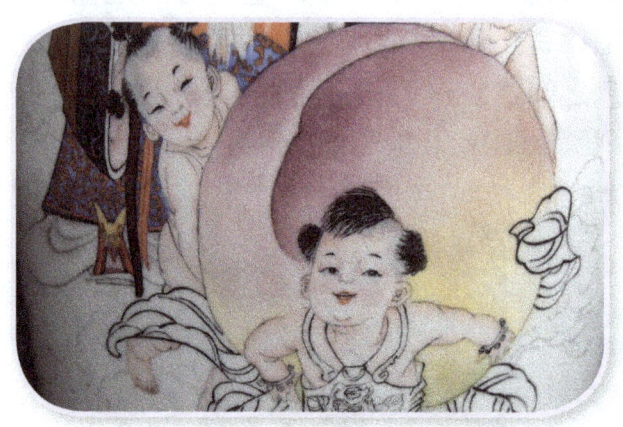

图 16-5　桃子着色

4. 桃叶着色

用竹青（橄榄绿）稍加一点墨调匀后，点涂童子左侧下的一片小叶（正面）以及最右边叶子的正叶和叶尖，反叶可用暗绿色平涂。再用暗绿色平涂左、右两侧两片大叶的正叶，反叶用舔淡的暗绿平涂。（图 16-6）

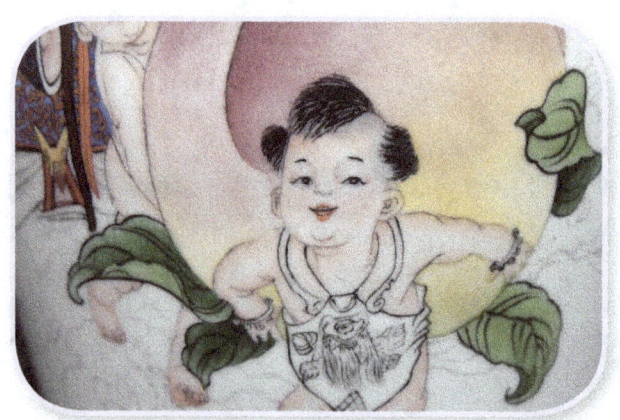

图 16-6　上好色的桃叶

5. 三童子肚兜及饰物着色

肚兜用深赤平涂，项圈用浓黄稍加点墨调成假金色平涂，挂须用西赤平涂，肚兜上的花纹用淡洋红和淡川绿点涂。（图16-7）

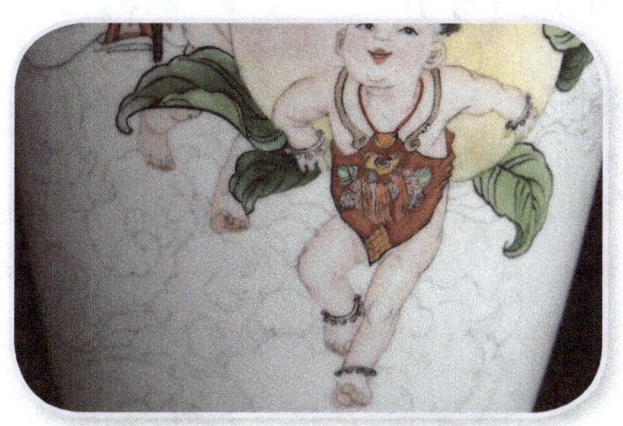

图16-7　肚兜及饰物上色

6. 太阳和仙鹤着色

用深赤平涂，用海绵笔揿平，鹤顶用深赤点涂。（图16-8）

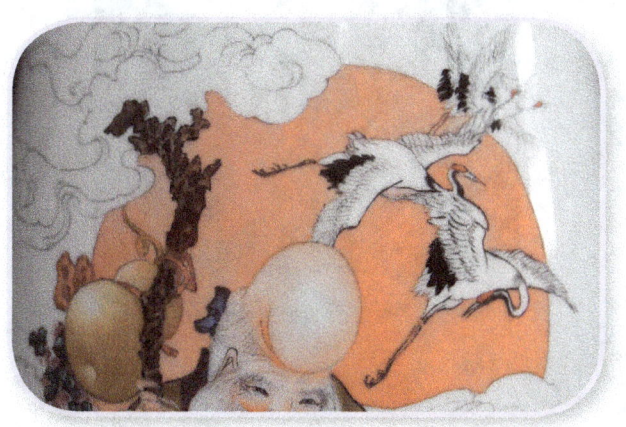

图16-8　太阳和仙鹤用不同方法着色

瓷绘工艺——异形瓷器瓷绘技法

（三）云彩和天空着色

1. 用西赤在下部云彩边点涂，并在桃子底部间隙处点涂西赤色后用海绵笔揿平，再在底部云彩边沿用浓黄点涂后揿平，并延伸至用西赤过渡交融均匀。

2. 连接刚才下部云彩，接着就上两边中间的云彩，用西赤在云团间的空间上色，再用海绵笔揿平揿匀，随后用浓黄在上部把天空点涂，然后用海绵笔揿平，并与中部的西赤揿匀过渡。右上部的黄色可刮出些云彩的造型，然后用深赤加浓黄色点涂后揿匀揿淡。

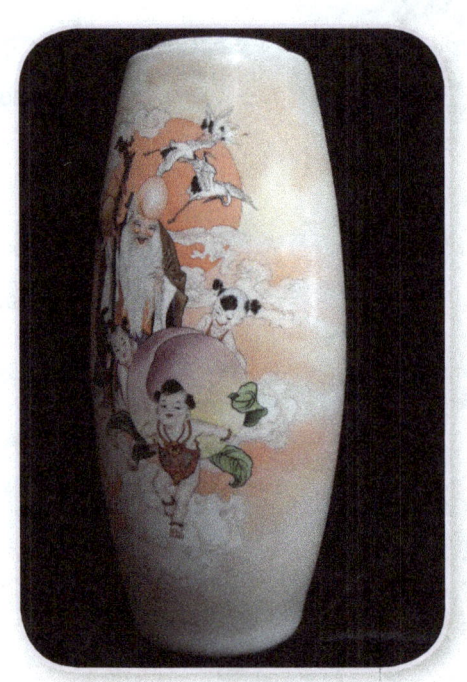

图 16-9　云彩、天空着色

至此，完成《南极老人应寿图》着色。（图 16-9）落款，最后盖上印章。

练一练：完成整幅《南极老人应寿图》着色。

图 例

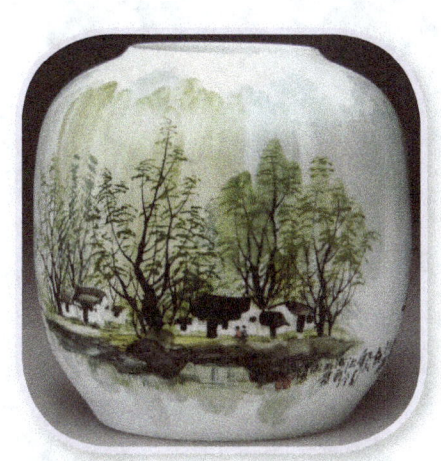

珍珠彩瓷《春江渔歌》瓶
作者 赖德全

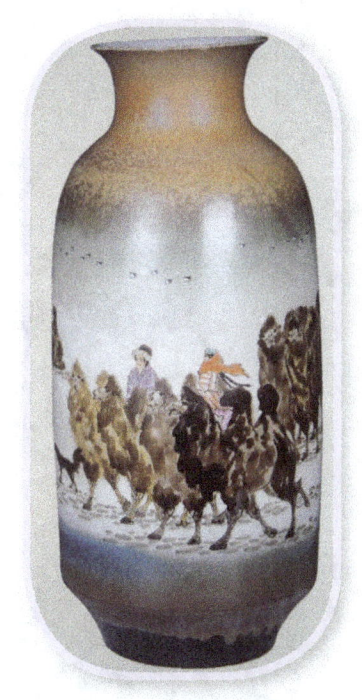

综合装饰《大漠秋歌图》瓶
作者 李少景

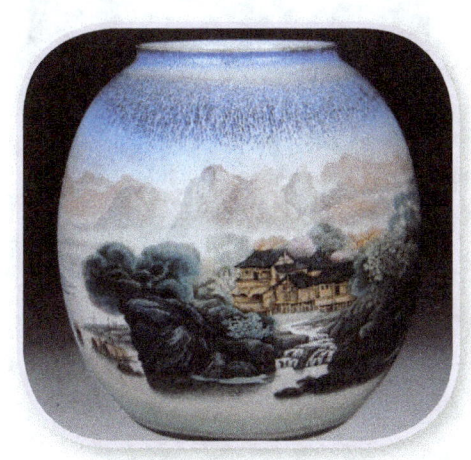

综合装饰《旭日东照山寨图》瓶
作者 解 强

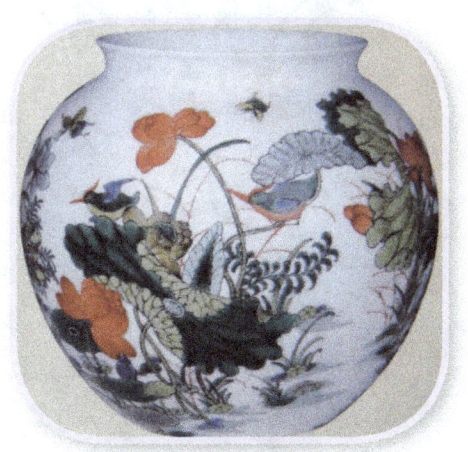

古彩《荷塘清趣图》瓶
作者 陈淑娟

瓷绘工艺——异形瓷器瓷绘技法

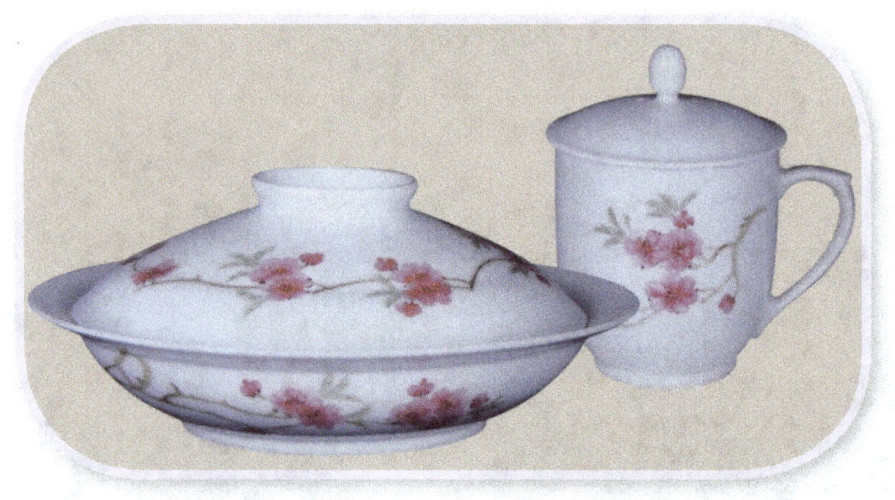

红色官窑"7501"毛主席用瓷《水点挑花和合器》《水点挑花茶杯》

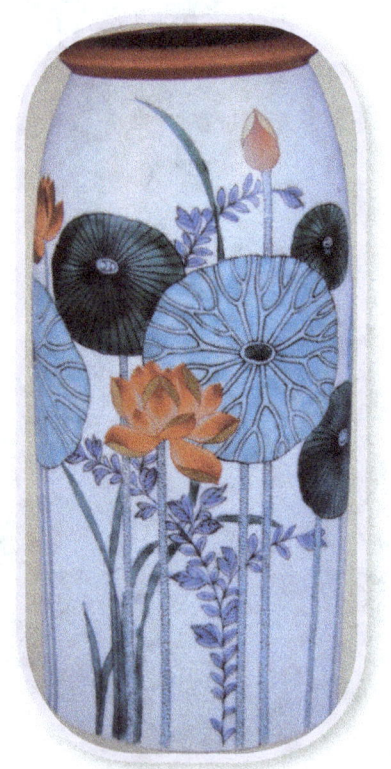

古彩《荷香千里》瓶
作者 戴荣华

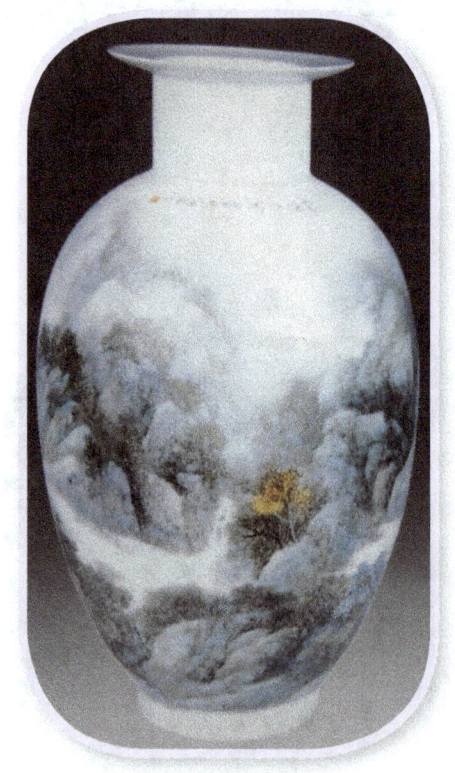

粉彩《云绕山间》瓶
作者 涂志浩

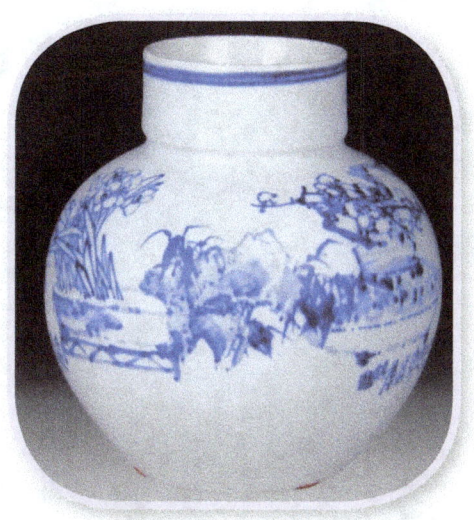

青花《清塘有赏》瓶
作者 陆如

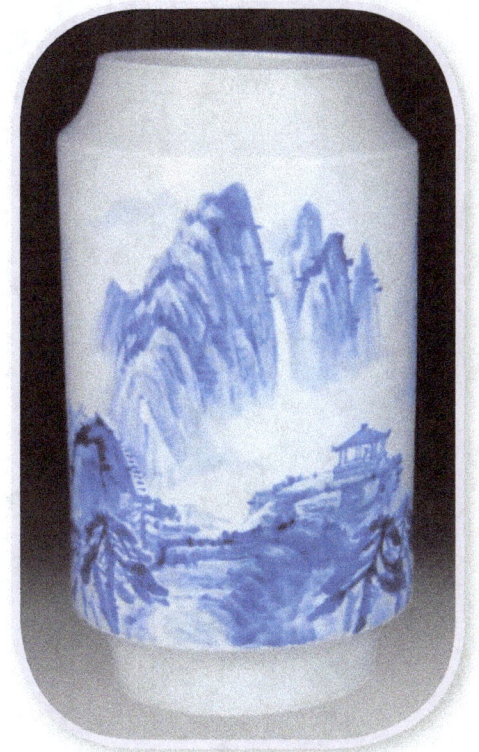

青花山水《嘉谷笼烟图》瓶
作者 汪桂英

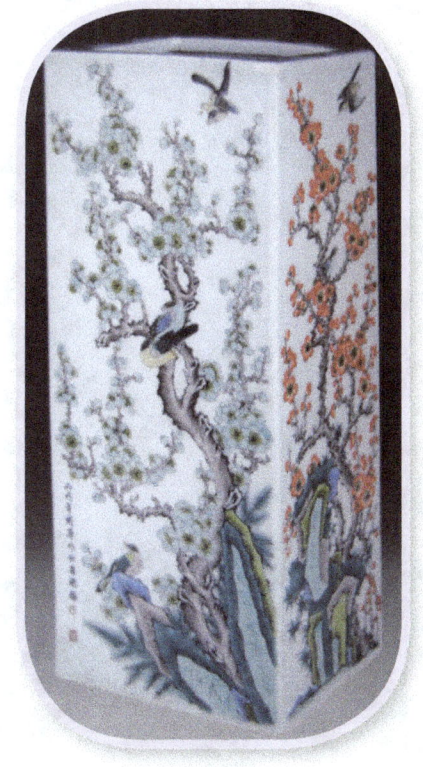

《红梅绿梅》四方镶器
作者 蓝国华

瓷绘工艺——异形瓷器瓷绘技法

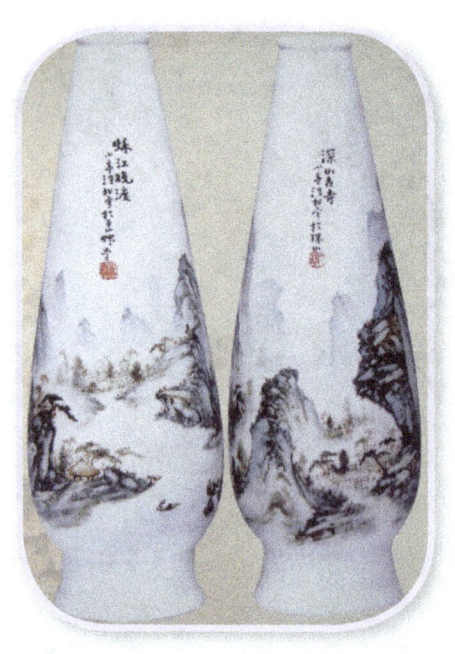

粉彩《秋江晚渡深山古寺》对瓶
作者　汪小亭（珠山八友汪野亭之子）

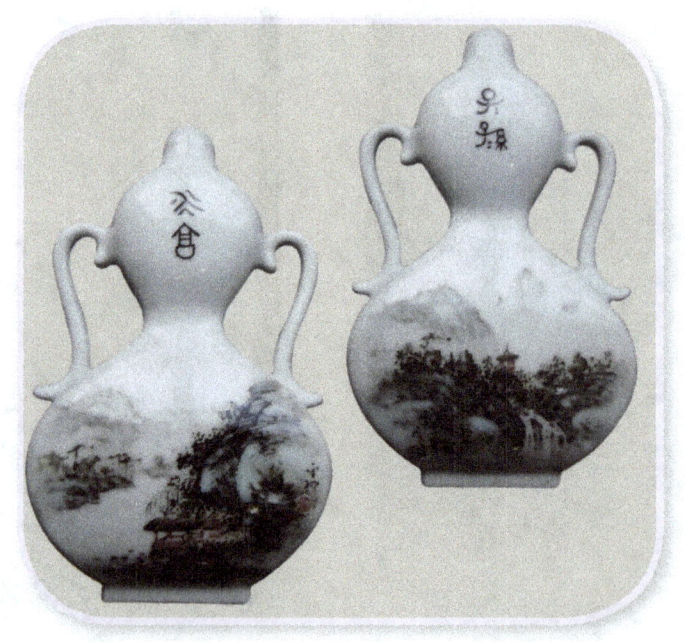

粉彩《山水大吉》对瓶
作者　汪平砂（珠山八友汪野亭之长孙）

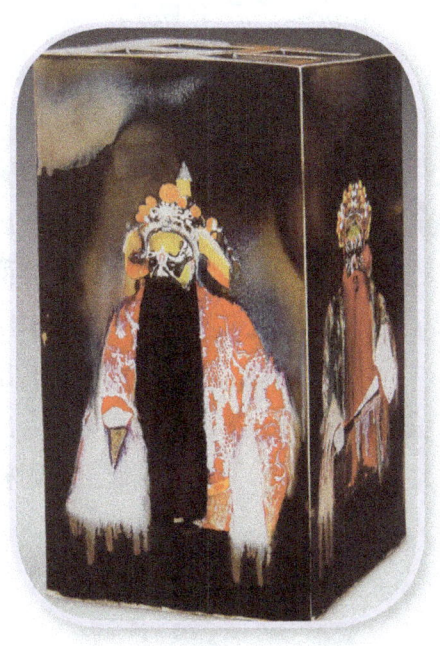

《阙戏》高温颜色釉镶器
作者　章朝辉

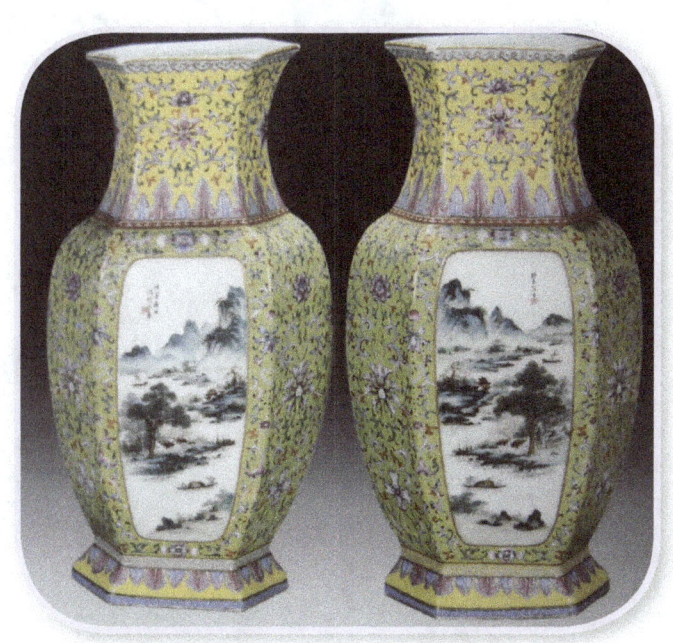

粉彩《缠枝莲地开光山水》铭文瓶
作者　汪野亭—珠山八友之一

参考文献

《瓷坛明珠》	景德镇市文人瓷画研究院
《人民艺术家赖德全》	中国画报出版社
《中国工艺品商品题材简介》	北京友谊商店出版
《千娇百媚》华三川作	台北艺术图书公司出版发行
《辞海》	上海辞书出版社
《写意山水花鸟技法》张渊编著	上海书店出版
《景德镇陶瓷——大众丛书（2）》	景德镇陶瓷杂志社出版

图书在版编目(CIP)数据

瓷绘工艺：肖像画技法 / 上海市老年教育普及教材编写委员会编. —上海：上海教育出版社，2015.7

ISBN 978-7-5444-6449-9

Ⅰ.①瓷…　Ⅱ.①上…　Ⅲ.①陶瓷—绘画技法—老年大学—教材　Ⅳ.①J527

中国版本图书馆CIP数据核字(2015)第159042号

瓷绘工艺
——肖像画技法

上海市老年教育普及教材编写委员会　编

出　　版	上海世纪出版股份有限公司	
	上　海　教　育　出　版　社	
发　　行	中国图书进出口上海公司	
版　　次	2015年8月第1版	
书　　号	ISBN 978-7-5444-6449-9/J·0434	

www.ingramcontent.com/pod-product-compliance
Lightning Source LLC
Chambersburg PA
CBHW082341220526
45470CB00008B/2598